ちくま文庫

わたしの中の自然に目覚めて生きるのです

増補版

服部みれい

筑摩書房

目次

第4章 友だちや恋人という自然

NEWは文庫版のための書き下ろしです。

イラスト：ウィスット・ポンニミット

文庫版まえがき

愛としての自然のなかで

この本の発売から5年経って、わたしは今、緑豊かな土地に暮らしています（2015年春、東京から岐阜県美濃市に移住しました）。

わたし自身、「わたしの中の自然に目覚めて生きる」ことを、一読者として実践していった結果、本当に、（物質的な意味での）自然に近い暮らしをすることに、ごくごく自然に導かれました。

うつくしい山に囲まれ、うつくしい川の流れを目にする日々。

畑で野菜やハーブを育てたり、田んぼで田植えから稲刈りまで手で行ったり、あるいは野菜などをご近所さんと交換したり、たとえ買い物をするにしても、地元で採れた野菜を「道の駅」で購入したりする毎日に、どれだけ潤いをもたらされているか、ことばでは説明できないほどです。

何より、信じられないほどうつくしい空気、飲むだけでからだ中がほっとするような水。ここには想像を超えるような微生物などの目に見えない存在の働きがあって、多様な微生物の中に身を置くこと、「頭」を外して生きること、純粋な空気と水の中で暮らすことが、どれだけ人間にとって自然で必要なことであるか、暮らしてみてわかりました。微生物たちは、わたしたちの呼吸、内臓、筋肉、からだそのもののみならず、硬くなったこころの結び目や頑《かたく》なな思い込み、かつての重い記憶の残像までをも、溶かし、解放するパワーがあると思えてなりません。

本当の自然の中に身を置いていると、からだやこころが緩みます。緩んでいると、安心して本来の自分自身でいることができます。自分自身でいるということは、（自然の存在、草木、虫や動物たちがそうであるように）実は、完全な調和をもたらします。自分が自分自身であることによって、世界に最適解（最も最適な答え）が起こる、という世界です。

都市に住んでいる方、また自然に近い環境で暮らしているけれど都市的な生活をしている方も、折に触れて、ぜひ自然とつながってください。無農薬で育てられた野菜を食べる。近所の公園でくつろぐ。毎日出合う木々と交流する。ベランダで野菜を育てる。家の中に花を活ける。おいしくて純粋な水を飲む。空を見上げる。早朝の太陽を浴びる。虫や鳥たちを観察する。からだの自然治癒力をあげる。日々、瞬間瞬間に、できることはたくさんあります！　そうしてどんどん緩んでみてください。

消費活動でも、自然を大切にするものや、誰がつくったかわかるものをできるだけ買うようにしてみてください。結果、それらは巡り巡って、ご自身を大切にし、からだやこころを緩める作用を、なんらかのかたちでもたらすはずです。

さらに、ふと時間のあいた週末に自然いっぱいの場所にでかけ、滞在できたらすてきです。山や川や海、なんでもない自然のなかであそんでください。またはぼーっとしてください。田舎に住んでいる人と知り合いになってください。ここ数年、地方へ移住する人も増えましたし、田舎と都市との二拠点で暮らす人も珍しくなくなりました。いつか地方や田舎へ移住したくなった人は、直感を大切に、気になる場所へ赴き旅することをいとわないで。ご縁が、ご自身をしかるべき土地に運んでくれるはずです。

自然は、やさしいです。もちろん厳しい側面もあたりまえにありますが、それはあくまで人間のある見方からすると、ということかなと理解しています。自然って、愛そのものだとわたしには感じられます。たとえ無慈悲だと感じられることが起こったとしても、それも、実は、愛なんです。「ただ在る」ことで、最適解だけが、信じられない精度で、瞬間瞬間、変化しながら、相互の有機的な関わり合いとともにたちあらわれ続ける場。それが自然だし、愛という存在だと理解しています。これは、人間の「頭」を軽く超えた、想像を超える精妙なシステムであり世界です。

今、物質的な自然のみならず、神性という意味での自然とも、人間がより近くなっていることを感じています。かつてはごく一部の聖者や覚者しか通じえなかった目醒めの道が、誰しもの目の前にたちあらわれている時代です。年々その速度は高まり、扉は開かれています。なんとなんと、ユニークな時代でしょうか！

自然は無邪気です。そして繰り返しになりますが、自然は愛です。

そんな自然を、無邪気さを、愛をベースに生きるあたらしい世界がはじまりつつあります。またこの本が、そんなあたらしい世界で生きたい、生きようと思った方の、なんらかのヒントになったなら、本当に、じんわり、しみじみ、うれしいです。


この本は、みなさんの中に眠る、自然に向けて書きました。

本の発売から約5年経って、改訂したり、増補した部分もたくさんあります。

あたらしい気持ちでたのしんでいただけたなら、どんなにうれしいでしょうか。

みなさんの中の自然が目覚めて、自然と自然でつながり、この世界のあちこちがいきいきとしはじめ喜びでいっぱいになること、それが、わたしにとって、本当に本当にわくわくして、心底たのしくうれしいことなのです。

２０１９年６月

服部みれい

まえがき

わたしは、長い間、大都会で暮らしてきました。

約20年近く、雑誌や本を編集したり、記事を書いたりして、それはそれは、本当に、忙しく暮らしてきたんです。

その間に、からだを壊したり、悩んだり困ったり、かなしいことがあったり、大変なことがたくさんありました。

(もちろん、たのしいことやうれしいことも同じくらいいっぱいありましたけれども!)

一方で、たくさんの出合いもありました。

それはとてもふしぎな出合いです。

ある時期から、次々と、ちょっぴりふしぎな世界のことを知っている人と出合うようになったのです。

その人たちに共通しているのは、**「自然の法則」**について熟知しているということでした。それはちいさな魔法のようでした。

わたしは、その人たちから、魔法のような知恵をたくさん学びました。

それと並行して、わたし自身が、自分の体験から「自然の法則」に気づいたり、わたしの中に「自然」が存在することに気づいたりできるようになっていきました。そんなふうに過ごしていると、今度はあらゆる場面から、とってもシンプルでユニークな生きる知恵を教えてもらう機会にも恵まれるようになりました。自然から「メッセージ」をたくさん受け取れるようになったのです。

＊

この本は、そういったふしぎな人たちから教えてもらったこと、わたし自身の体験、そして思わぬところからもらった、そんな知恵について書いたものです。

わたしたちの中には、「自然」があります。
今、自分自身が気づいていなくても、誰にでもあるのです。
「自然」は、愛、神、神性、聖性といったことばとも置き換えられます。

わたし自身が大都会でそれは忙しく暮らしているのに、あるときから見違えるように元気になり、毎日がたのしくてしかたなくなり、フレッシュな気持ちでいることができて、さらには「ある確かさ」を感じながら、おなかに、あたたかいエネルギーを感じて生きられるようになったのですが、それにははっきりとした理由があります。
それは、「自然」とつながるようになったからです。

この本でいう自然には、①外側に見える、山や海や川や湖という意味での自然と、②自然の法則に従って暮らすという意味での自然、そして、③わたしたち自身の内側にある自然と、この3つの自然があります。

①の外側の自然とつながるといったって、わたし自身、しょっちゅうアウトドアライフをたのしんでいるわけではありません。でも、日々の生活に取り入れるものを、

より自然のものにするだけで、わたしたちの生活は見違えるほど変わります。都会にいたって、自然を意識して感じて生きることはいくらだってできます。②の考え方や生き方じたいを、自然にそったものにするということも、自然とつながって生きる重要な方法です。さからわず、あるがままを受け容れて生きる……簡単ではない場合もありますが、でも、やらないよりはやる方向に向いているほうがどれだけたのしいかわかりません。そして、③のわたしたちの中に眠っている「自然」とつながって生きること……これは、世界中どこにいたってできることです。

わたしたちは、どうやら、あるひとつのもの、「大いなる自然」の、ぶわっとしたかたまりのようなものから生まれてきたようです。

最初は、ひとつ、でした。

そしてそのときの「自然」を、今もなお、わたしたちのたましいの中にもったまま、生きています。ただ、そのことにほとんどの人が気づかず、感じないまま生きているようです。

わたしが元気な理由。それは、自然とつながっているからです。一見不安定で心配でたまらない世界の裏側には、わたしたちが泣こうがわめこうが、そこに、ただたたずむ、自然の世界があります。そこはどんなときも平穏で、平安に満ちて、安心の世界が広がっています。

そう聞いて「いや、でも信じられない」「そんなわけない」という声が頭に浮かんでくる方もいるかもしれません。

でも、そういった声、つまり恐怖心や罪悪感はどうやらみんな、幻想のようなのです。

わたしたちが、「頭」でもってつくりあげた幻想なのです。

今、あちこちで、この幻想から覚める、しあわせに生きるための知恵が、開示されはじめました。どれも、わたしが出合って来たふしぎな人たちから聞いてきた話と同じものです。

今という時代ほど、自然とつながる必要性が急務である時代はありません。

今ほど、あたらしい時代にはあたりまえとなる「確かさ」を人々が求めている時代もないと思います。どうぞ、自然という「確かさ」とつながってください。「わたし」の中にある自然を感じてください。自然を味方につけてください。わたしたちが自然とつながる生き方をすることが、海や山といった自然にとっても、とても安心できる生き方にちがいありません。

自然に目覚めて生きる人が、ひとりふたりと増えたとき、わたしたちが住む場所は、恐怖感や罪悪感からではなくて、愛からだけ生きるような、そんな人たちばかりになる地となることでしょう。タフな時代だけれど、そのタフな時代がわたしたちを、あるあたらしいポイントへと届けようとしているみたいです。

そんな日が、そんなに遠くはないことをまぶしく感じながら、しかし同時に、しっかりとおなかに自然からの力を蓄えながら、この本をみなさんにお届けします。

わたしの中の自然に目覚めて生きるのです

増補版

第1章

こころという自然

もしも選択肢で迷ったら

人生の中で、AかBか、選択を迷うようなことがあったら、「自然かどうか」で判断するとよいでしょう。

自分にとって、またまわりにとって、自然な流れ、自然な状態、自然な環境をもたらすものは何かと考えるのです。

自然かどうか、で判断するのは、想像以上に万能です。

ヒント

「頭」で考えるのではなく「からだ」に訊く、というのも同じように有効です。弁護士の秋山佳胤《よしたね》さんからは、「アドバイスを受けるときのアドバイス」として、「自分の自由を広げるものなのか、制限するものなのかをチェックする」という方法も教わりました。「より自由になるのはどちらか」もおすすめです

動機は陽気に

「何かをしよう」と思ったときに、その動機を観察します。

恐怖心から行っていませんか？

不安や心配から、はじめようとしていませんか？

もし、そういう気持ちがあったら、それをいったん脇に置いて、動機を陽気なものに変えてみます。

陽気な気分なら何でもよいです。陽気を「愛」に置き換えてもよいでしょう。

自然の豊かな流れがより作動しはじめるはずです。

そういう状態をずっと続けていくと、最終的には、今度は動機じたいがなくなっていくようになります。動機と目的が同時ないしは合致するようになるからです。

わたしの存在そのものが動機であり、目的そのものというようになっていきます。

この地点に達すると、人は大いなる自然と同化した状態であり、完全な自由を獲得す

るといわれています。

ヒント

「動機」を動かしているのは、どうやら「潜在意識」のようです。潜在意識のクリーニングを行うのに、呼吸法がおすすめです。「呼吸のこと」（98ページ）を読み、ご興味のある方は、ぜひ呼吸法の本を読んで、実践してみてください

問題が発生したとき

問題、ということばを聞くと思い出すことがふたつあります。

ひとつめは、わたしの知人の妹さんの話です。

妹さんは、あたらしい部屋に引っ越しをしようと、物件を探しはじめました。いくつか物件を見たのちに、とてもいい物件に出合って、パートナーと一緒に住むことにしました。ところが住んでみてからわかったことですが、大変欠陥の多い部屋でした（ここで、まあ、問題発生、というところですよね）。

妹さんはとても憤慨しました。精神的にも肉体的

にもその場所にそれ以上いることができなくなり、別の部屋を探すことにしました。ところが、考えた末に、貸家を探すのではなく、家を買おうと決心するにいたりました。結果、家を買うという決断をすることができて、今、買った家で、パートナーとしあわせに暮らしているということです。

知人はわたしにいいました。「最初に借りた部屋が、とても居心地がよかったなら、妹は一生、家を買うという決断をできなかったかもしれない」。

もうひとつは、こんな話です。

ある女性が、ある男性と結婚しました。

ところが、その男性は、まったく家事をしてくれません。困った女性はある作戦を練りました。毎日ほんの少しだけ、夫に家事をしてもらって、それを褒《ほ》める、というものです。

はじめたのは、朝食の食器を食後に洗ってもらう、というものでした。なにせ、家事をやったことのない夫です。食器を洗ってくれるのはいいのですが、充分洗えていないことが多かったのだそうです。出勤前の慌ただしい時間ですからなおさらです。せっかく家事をしてもらったのに、うまくできないことがわかったのです（ここで、まあ、問題発生、というところですよね）。

この妻はどうしたか？　夫が食器を洗ってくれたことに、毎日笑顔で「ありがとう！　とても助かっているよ」といいました。そしてうまく洗えていないことは、夫に伝えず、夫が出勤したあとに、自ら食器を洗い直しました。これは約1年続きました。

現在、夫は、食器洗い以外にもたくさんの家事をしてくれるようになったということです。

「問題は、好機である」。

このことばをわたしはある若い女性から教えてもらったのですが、世の中に、本当は「問題」などないのかもしれません。この文章のタイトルだって厳密にいえば、「問題が発生したと感じたとき」、なのです。問題は、本当は存在しないのです。「問題」と思うのは、わたしたちのこころのほう。わたしたちの「見方」が勝手につくっているものなのです。その対象への見方を変えるだけで、それはたちまちチャンスに早変わりします。チャンスにならずとも、少なくとも問題のままであり続けるということはなくなるでしょう。

一見、「問題」に見えるものも、実は、大きな流れの中に置いて、俯瞰《ふかん》して見てみたならば、なんともいえない味わいで、ただ、そこにたたずんでいるものなのかもしれません。

その「問題」に見えるもの、というものは、かくも、シンプルに、かつ、複雑に、有機的に、総合的に、創造的に、想像以上のことをもたらします。

その「起こっていること」にさからわなければ、人間の頭なんかで考えることをはるかに超える、想像以上のすばらしい何かが待っています。

ただ、大切なのは、自然の流れにさからわない、ということです。あらがわないことです。そうすれば、こころはいつだって自由であり続けられます。

NEW

とても深刻な問題が発生したとき

この地上で生きていると、とんでもない問題が目の前に立ち現れることがあります。それなりの「問題」は、割合誰にでも日常的に起こりますが、前コラムのように、最初は大変でも、取り組むうちに「問題は好機」といいたくなるように、思ってもみない場所へ自分を運んでいきます。

こちらのコラムでお話ししたいのは、もっともっと、とんでもない問題です。とんでもない問題とは、お金、人間関係、暴力、依存、生死などにまつわる、より深刻な問題で、あまりにその規模が大きすぎたり、問題が複雑に入り組みすぎていて圧倒的な圧を感じるような問題です。

人生のあるとき、あまりに大きすぎると感じるような、自分を自分で支えきれないような問題が立ち現れたら。

そんな時、まず、取り組みたいのは、**自分の心身のケア**です。それどころではないに決まっていますが、でもできる限り、自分をケアすることに努めます。食事が喉を通らないようなこともあるかもしれませんが、それも自然に起こっている流れならば、食べないことで自分の身を守っているのですから、そのままにしておきます。自分が、あまりに大きなショックを受けたのだということに、とにかく寄り添うようにします。自分で自分に共感し続けます。しばらくの間、放心したままだったり、わけがわからなかったり、取り乱した状態が続くかもしれません。それももちろん、**自然に起こることですから、そのままにしておきます。**

そして同時にしていただきたいのが、**誰かにSOSを発する**、ということなのです。「これは自分だけが我慢すれば済むこと」「あくまで自分の問題だ」「自分にも責任がある」「誰かにいうのは恥ずかしい」「どう説明していいかわからない」「誰かに話しても解決するわけじゃない」「話を聞いてもらうのも申しわけない」「もう少し時間が経てば状況が変わるかもしれない」「話せる気分じゃない」。いろいろな、もっともらしい意見が自分の中に浮かんでくるでしょう。

それでも、です。どうか、近くの人、近くの人がいやならば公的な機関や、カウンセラーなどを頼ってほしいのです。そして話した人の反応に納得がいかなければ、根気よく、何人かに話をし続けてみてほしいのです。

ＳＯＳを外に出すのはとてもとても大事なことです。自分自身にとって実は耐え切れないようなことが起こっているとき、（自分では耐えられるとたとえ思っていたとしても）そのストレスは、いつかは、自分を蝕《むしば》みはじめます。何らかのかたちで、いつかは、そのストレスが形を変えて表現をしはじめます。だとしたら、それが今でもいいはずです。自分への影響が深刻さを増す前に、外に表現しても何ひとつ問題はありません。

ＳＯＳを表現するのは、目の前の「問題」がより内在化し、深刻化していくのを防ぐ、という意味でもあります。自分でなんとかしなくては、と思ってしまうかもしれませんが、公的な機関、法律、専門家の力、また近くの人々の力を借りれば、想像以上の対処法が存在するかもしれません。今起こっていることを、外に出すことをためらわないでほしいのです。警察に逮捕される、何らかのかたちで報道される、噂が広まる、何らかのレッテルが貼られる、誤解される……などの恐れが生まれてくるかもしれませんが、自分の外側に「問題」を表現したとき、つまりＳＯＳを発信したとき、自分で思っているようなことが起こらないかもしれません。たとえ起こったとしても、それが実はとてもよいことにつながっていくかもしれません。

何より、それだけの「重さ」のあるものを自分が抱えているということの不自然さを自覚してください。どうか、外側に、自分が体験していることを出してほしいのです。誰かに表現するのがどうしてもむずかしいなら、日記のようなもの、メモ書きのようなものを書いたり、インターネットなどを利用して偽名で書き込んでもいいでしょう。とにかく外に出すことが大切です。繰り返しになりますが、いつかは、表面化するときがきます。だとしたら、早いほうがよいです。**安全だと思う場所に自分の身を置くこともたいせつです。**

とんでもない問題は、自分の外側に出すことから、解決がスタートします。どうか恐れないで。外側に出すことでまた自分が被害を被《こうむ》ると感じるならば、被害を被らない場所まで行って、安全であることを確認して、表現することが大切です。

とんでもない問題がなぜ起こったのか、どうして人生でこんな深刻なことが起こるのか、わけがわからないという時期を何年も過ごすかもしれません。でも、自分が生まれる前に、やはり、自分が用意したシナリオはあるらしいのです。そうして、何らかの理由があって、やはり問題というのは起こるのでしょう。理由探しをしたくなるかもしれませんが、それよりも、この体験をしている自分自身の解放のほうに力を注ぎます。

そしてその内容が深刻であればあるほど、とんでもなければとんでもないほど、その裏側の光の量も、あまりに大きいのだということをどうか覚えていていただきたいなと思います。

闇の暗さの深さ、それに対応して、同時に、**光の明るさの深さ**もあります。両面あって、ひとつの側面なのです。星の反対側でとっぷりと真っ暗な夜の時間帯に、裏側では太陽が燦々《さんさん》と降り注ぐ真っ昼間です。これが、問題の、真実の姿です。

どうか、闇の裏に光が控えていると腹にすえて、まずは、この状態を見ている自分のケアからはじめてみてください。

信じられないような現実を、生き抜いている人、生き抜いた人がこの世界にはたくさんたくさんおられます。その方々の体験を知ったり、読んだりするのも、勇気のひとつとなるかもしれません。

わたしは、すべてのものを失ってしまったとか、信じられないような絶望感に襲われたということを体験してからこそ、ほんとうの人生がはじまるのではないかとさえ思っています。

自分ひとりではないことを、どうか、知っていてください。

必ず、自分を介助してくれる人物は現れます。本当です。

また、解決する道も現れます。完全に元通りにはならないかもしれないけれど、元通りになるという方向ではなくて、想像を超える、次の地表が現れる可能性はどんなケースにもひそんでいます。時間はかかるかもしれませんが、どうかあきらめないでいてください。

過酷な運動のあとに、強靭な肉体があらわれるように、自分自身の体験も、自分自身というものを育《はぐく》み、たくましくし、より愛の深い状態に導きます。

自分自身がはじめから勇敢な魂であることを自覚し、目の前のことをひとつ、ひとつ行っていく、一日一日をまず生きる、という気持ちで勇気を出していただきたいと思います。

ヒント

54ページの「八方塞がりのときには」と併せてお読みください

孤独な気持ちになったら

「孤独だなあ」と感じることは、誰の身にも起こることです。

自分だけに起こっていることではありません。

環境や状況によって、年齢によって、人生のさまざまな場面で、孤独だなあと感じることはおとずれます。

その孤独を、何か忌みきらうもののように扱ったり、そこから逃げようとする必要はありません。

孤独な気持ちになっていることにはいくつかの理由があるからです。

◎実は、自分はひとりになりたかった。孤独を感じて、静かなこころで、ものごとを味わったり、あるできごとについて考えたり取り組んだりしたくなった
◎ひとりになって、次のステップへの準備をしたくなった

◎いろいろな疲れや煩わしさから、ひとりになって、そっと骨休めをしたかった
◎四季が巡るように、単純にそういう時期がきた
◎いよいよ自分と向き合う準備ができた

ひとりだからこそ、味わえる世界、感じられる感情、思い、そういったものが世の中にはたくさんあります。

孤独だなと感じるときは、誰かといるときや、わいわいと騒いでいたときには感じられなかった世界を味わうために、このような状態になっているのです。

むろん、このような「ひとり」を味わったあとに、これまでには思ってもみないような世界が広がることもあります。

何かの理由のために孤独を感じるようなことが起こっていることを悟りましょう。

さて、孤独だなあと感じることには、別の意味合いもあります。

人間は、本来、決して孤独な存在ではありません。

この意味が本当にわかるには、人によってはそれなりの時間を要するかもしれませ

ん。でも、信じる／信じない、にかかわらず、人は、本来、孤独ではないのです。**自分の中の「自然」（神性）と、大いなる自然は、確かにつながっていて、人は、ただ、このつながりを忘れているだけなのです。**

孤独を感じるときは、いよいよ、このことに気づきはじめるよいチャンスになるはずです。

繰り返しますが、孤独をなにか「悪いもの」のように捉えて、気持ちをまぎらわすこと……食べることや飲むこと、意味なく人と会ったり、激しくあそんだり、ネットサーフィンを延々と行ったりしたとしても……もちろんそれも場合によっては慰められるでしょうが……、でも、それは一時しのぎです。

それよりも、現在の孤独を活かして、

◎自分自身のこころとからだのエネルギーを充電する期間にする
◎からだやこころを養う時期にする
◎なにかあたらしいことをはじめる
◎ずっとやりたかったことに、勇気をもって取り組みはじめる

◎人間は孤独ではないということについて記述のある本[*1]を読む
◎海、山、川、空、太陽、星などの自然とつながりをもつ
（都会にいても、木々を感じたり、空や星を眺めることはできます）

などに時間をあててください。孤独を消そう消そうとするのではなく、ひとつの「機会」とするのです。

孤独だと感じているこころを、ひとつのエネルギーと捉えて、そのエネルギーをちいさくとも炎として燃やすのです。なんだかわくわくしてきませんか？

いつしか、「人間は決して孤独な存在ではない。いつも、大いなるものとつながっている」ということが身をもってわかってくると、どんな場所にいても、どんな人間関係であっても、孤独ということを感じない自分になっているはずです。また、そういう自分になっているというときは、物質的にも環境の面でも、孤独ということを感じないような状態になっているものです。

さあ、外側の条件づけで、孤独ではないなどとごまかしたり、つくろったりするのではなくて[*2]、**自分の中の自然に目覚める機会としましょう。**

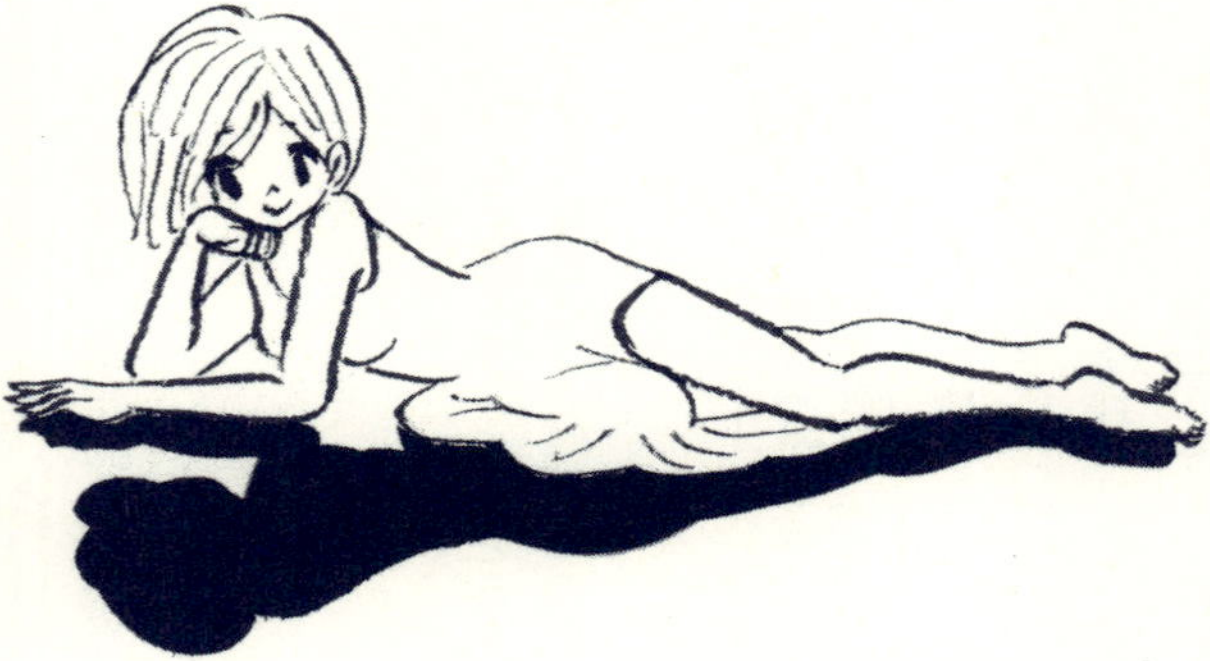

自分の想像を軽々と超えるような、安心や安定の気持ちがすがすがしくやってくるはずです。誰にでも体験できる境地のひとつです。

＊1　おすすめの本
『自然のレッスン』（北山耕平＝著　ちくま文庫）
『地球のレッスン』（北山耕平＝著　ちくま文庫）
『なまけ者のさとり方』（タデウス・ゴラス＝著　山川紘矢、山川亜希子＝訳　PHP文庫）
『ニュー・アース――意識が変わる　世界が変わる』（エックハルト・トール＝著　吉田利子＝訳　サンマーク出版）
『幸福なる人生』（中村天風＝著　PHP研究所＝刊）
『アミ　小さな宇宙人』（エンリケ・バリオス＝著　さくらももこ＝イラスト　石原彰二＝訳　徳間文庫）

ヒント

＊2　外側の条件づけで、孤独ではない〜

恋人がいるから孤独ではない、家族がいるから孤独ではない、友人がいるから孤独ではない、家があるから孤独ではない、お金があるから孤独ではない、ということはありません。恋人、家族、友人がいたって、お金があったり立派な家をもっていたって、孤独を感じている人はごまんといます。それよりも、どんな状況下でも、大いなるものとつながりをもっているということをからだで会得している自分でいるほうが、力強いと思いませんか？幸福を外側の条件に求めない自分は、本当の意味で、あたらしい時代を生き抜いていく、たくましく力強い、そしてやわらかく調和的な自分になっているはずです

誰かを助けたくなったら

誰かを過度に、やたらと助けたくなったら、意外かもしれませんが、でも、何よりもまず、自分自身のことを点検してみましょう。

◎相手にいいたいことは、実は、自分へのメッセージではありませんか？
◎相手を助けることで、自分の問題から目を逸らそうとしていませんか？
◎相手を助けることで、上に立つことをおのずと選択していませんか？

困っている人や悲しんでいる人を助けるのは、とてもすばらしいことです。

誰もが、助け合いながら、この地に住むのであり、それを買って出ることは、すばらしい経験にもつながることでしょう。

ただ、自分自身に問題を抱えているようなときに、本当の意味で相手の人を助けることができるのか点検してみるのも悪くなさそうですよね。

自分自身の問題も山積みであるのに誰かを助けたくなった場合、むしょうに誰かのことが気になって、過剰に助けたい気持ちが盛りあがるようなことがあったら、ぜひ、自分自身を点検する機会にしてください。

ただし、これは容易なことではありません。なぜなら、無意識で行っているからです。

でも、とてもよいチェック方法があります。

◎相手にいいたいことを、ノートに書いてみる

というものです。

書き終えたら、自分自身にそのことをあてはめてみます。

最初は、猛烈に抵抗を感じるかもしれません。「まさか！」「自分には関係ない」というように。

でも、猛烈な抵抗（反応）または、バカにする気持ち（まさか自分にあてはまるわけがないというような気持ち）を感じれば感じるほど、それは、自分自身の問題そのものか、問題へのヒントが隠れている可能性は高いといえるでしょう。

どうぞ、まず、自分の問題に取り組んでください。*1 自分自身の人生を生きてくださ い。それから誰かのことを助けても遅くはありません。

人は、その人ひとりでも、充分、生きていく力があるのだという事実を、こころの底にいつも置いておくようにしましょう。誰かがその人を助けすぎることで、結局、その人が自分の足で立てないという状況をうむことも少なくありません。

人はもともと完全な力をもっています。その力を信じて、誰かを助けたい気持ちをまず、自分を助けることに使ってください。

人と人は、目に見えないものでつながっています。自分を助けることは、めぐりめぐって、誰かを助けることにつながっています。

誰かは自分自身なのだと、どうぞ、悟ってください。善意であれ、何であれ、やりすぎないことが肝要です。

ヒント
ハワイに伝わる問題解決法「ホ・オポノポノ」の力を借りるのも手です（くわしくは左記の本をお読みください）。これから行おうとするものが自分では「最善である」などと思っていても、「ホ・オポノポノ」でいう自分の「記憶」がクリーニングされた状態ではない限り、何が最善かはわかりません。ぜひ、実践してみてください

＊自分の問題に～　人と人は深い部分でひとつにつながっているため、自分自身が、「相手にしてほしいこと」を取り組むことで、相手の「問題」が解決するという事実もあります。

●おすすめの本
『はじめてのホ・オポノポノ』（イハレアカラ・ヒューレン、カマイリ・ラファエロヴィッチ＝著　宝島社＝刊）
『ウニヒピリ　ホ・オポノポノで出会った「ほんとうの自分」』（イハレアカラ・ヒューレン、ＫＲ女史＝著　平良アイリーン＝インタビュー　サンマーク出版＝刊）

『アロハ！——ヒューレン博士とホ・オポノポノの言葉』（平良アイリーン＝著　イハレアカラ・ヒューレン＝監修　サンマーク出版＝刊）

こころが不調になったら

こころの不調も、からだの不調と同じで、ただ「何かが出ている」のであり、これもまた、からだやこころからのメッセージです。

■こころが不調になったら、まず見直したいこと

◎エネルギー不足を解消する／エネルギーをためる
（仕事や勉強のしすぎ、子育てや介護、気をもむことが続いているなどで、エネルギー欠乏となっていないかどうかを点検して、よく休んだりしてエネルギー補給をします）
◎からだを整える
（心身一如。からだを整えることで、こころも整ってきます。からだを整えること

を、具体的にはじめます）
◎かくれた感情に気づく
（しかるべきタイミングで、充分に泣いていない、充分に悲しんでいない、充分に怒っていない可能性が。抑えて、閉じ込めてしまった感情に光をあててみます）
◎環境を点検する
（今いる場所が、自分に適していない、自分に合わなくなった、という可能性も。よく環境を点検する機会に）
◎自分自身をふりかえる
（考え方の癖、ものごとの受け止め方、こだわり、そういったものを点検して、見直します）

これらのことをするために、大自然の（空気のきれいなところ、水のうつくしいところ）中に行くのもよいでしょう。大自然の中にいることで、これらのことが、自然になされる可能性も高いからです。場合によっては、まとまった時間、ひとりになる時間をもつことも必要でしょう。

いずれにせよ、からだやこころから不調というかたちでメッセージがくるのは、とても喜ばしいことです。閉じられていた何かの蓋が、ようやく開けられるときがきたのです。まちがった暮らし方、生き方の方向を修正するチャンスがきたのです。ほうっておけば、さらに酷《ひど》い目にあっていたかもしれません。「これくらいで済んでいる」と感謝したいところです。もっといえば、こころの扉を開けられる準備が整った、ともいえます。自分に乗り越えられないことはやってきません。自分のからだの奥底の自分が「もう、開けても大丈夫」と思ったから、この不調が起きているのです。

どうぞ、焦らず、不調が出たことをまず喜んで、ゆっくりと取り組めることから取り組んでください。そして、自分のままでいることを、自分にどうぞ、許可してあげてください。

ヒント

◎自然療法について

こころの不調を訴える人が増えて、専門のお医者さんにかかったりカウンセリングを受けたりすることが一般的になったことは喜ばしいことだと思います（ほんの少し前までは、

「こころの問題」はどこかタブー視されていました)。しかるべきタイミングでしかるべき治療を受けることは、とても大事なことだと思います。ただ、症状の根本原因にコミットする治療ではなく、対症療法的に薬を飲むばかりの治療を続けることにはデメリットもあるのでは? と感じています。薬への依存と副作用の問題です。もちろん個人差はあると思いますが、わたしは、できるだけ自然とつながりのある療法を選ぶか、併用することが望ましいと感じています。自分のからだやこころを根本からケアし、養うような自分に合った療法に出合ってください。付け焼き刃ではない、いのちやたましいに寄り添うような療法です。自分の中の子ども(未消化な感情や傷)をケアするインナーチャイルドケアもおすすめです。望めば、自分のほしい情報や知恵が手に入るはずです。ぜひ求めてみてください

◎エネルギー不足を解消する

『わたしが輝くオージャスの秘密』(蓮村誠=監修 服部みれい=著 ちくま文庫)という本がおすすめです。オージャスとは、アーユルヴェーダの知恵のひとつで、生命エネルギーという意味。こころの不調は、オージャス不足からきている可能性もありますし、オージャスを増やすことは、心身の健康だけでなく、幸福のためにとても大切なことです

◎からだを整える

わたし自身は、「冷えとり健康法」が気に入っていて、ずっと実践をしています。そのほか、断食（必ず専門家について行うこと）を体験するのも、おすすめです。一見、こころと関係なさそうですが、断食を行うことで、こころの掃除ができる可能性は高いでしょう。また、純粋にふだんの食事を変えたり、運動量を見直したりしてみてください。からだを整えるという目的のために、部屋を徹底的に掃除する（82ページ）のもおすすめです

◎かくれた感情に気づく

「キネシオロジー」という療法の中に、インテグレイテッドヒーリング（IH）（167ページ）という方法があり、自分でも気づかない感情に気づくのにとても有効な方法のひとつです。自分のからだに対して、筋反射で答えを求めていきます

◎環境を点検する

「～しなければ」をよく点検してください。本当に今の職場で「働かなければならない」のか？　本当に「よい妻、よい母でいなければいけない」のか？　などなど。「～しなければならない」という思いを見つけると、自分がいる場所の点検にもなるはずです

八方塞《はっぽうふさ》がりのときには

人生の中で、どうしようもなく身動きができないときがあります。

自分や身のまわりの人が深刻な病気になった。
なんらかの事件に巻き込まれた。
問題が複雑に絡まって、なかなか解決しない。
ネガティブなループに陥ってしまって、
そこからなかなか脱出できない。

これらをどう捉え、どう乗り越えたらよいでしょうか?

いくつか、この状況について考えられることがあります。

1　人生のバイオリズムの上で、単純にそういった時期である
（すごく短い場合もあるし、何十年ととても長い場合もあるようです）
2　カルマ返し、または「ふりかえり」、である
3　この状態があることで、ほかの何かをしないで済んでいる
4　自己の鍛錬のために起こっている
5　本当はもっと酷いことが起こるはずだったのに、これくらいで済んでいる

などです。

1の場合は、ただただ、じっとしていることが大切です。その「季節」が行き過ぎるまで、さからわず、どれだけ時間がかかっても、じっと、行き過ぎるのを待ちます。抗《あらが》わないことが秘訣です。

2の場合も、ただただ、この状況を受け止めます。1同様、「どうにかしよう」と思わずに、「過去に自分が同じことをしたかもしれない」「この味をもう一度味わう必要があるのだ」または、「なにかとバランスしているのだ」というように思って、た

ただ耐えます。

3の場合は、目の前の「問題」があることで、ほかのことをしないで済んでいる、という場合があります。

たとえば、うつ病と診断されて仕事ができなくなった場合。そこからどうにかして脱しようとしても、その症状の裏側に「仕事をしたくない」という気持ちが存在し、うつという症状の「おかげ」で、仕事をしないで済んでいるとしたら、または、うつという状態が過酷な状況から身を守っているとしたら、「問題」に見えているものがいつまで経っても消えない、というケースがあります。重い風邪を引いた、という場合も、実は誰かに甘えたい気持ちが隠れているのかもしれません。うっかり怪我をするというのも、潜在意識では注目を浴びたいと思っているのかもしれません。**「問題」は、「問題」なのではなくて、単なるメッセージだ**、ということです。

3のケースの場合は、その裏側にある、ないしは、根本に隠れているものごと、自分の中に頑《かたく》なにあり続ける「思い込み」が解放されない限り、「問題」と思っているものはそこにあり続けるかもしれません。ないしは、かたちを変えて、繰り返されるかもしれません。

4の場合は、寡黙に乗り越えます。とにかく、自分に力がつきます。

5の場合は、ただただ、現状に感謝します。

いずれにせよ、です。

変わらないものはありません。

この世は、「無常」＝常ならず、で、必ず、変化をしていきます。

いつかは必ず、肉体はなくなります。

同じ季節はずっとは続かないのです。

「問題」というのも、実は、自分のこころが映し出している映像のようなもので、自分自身の内面にあるものを、いかにも外側にあるように見せられているだけなのです。

外側から見て、とてつもなく不幸で過酷な人生を送っていても、こころが平安な人もいますし、たいして苦労をしていないのに、この世の不幸を全部背負って生きてます、みたいな人もいます。

からだは病んでいるのに、こころはまったく病んでいないという人もいます。少々の体調不良で、「死にそう」なんてのたうち回っている人もいます。

どう見ているか、が人生そのものともいえるのです。

「問題」に見えるものごとは、「自分が構築している『世界』から、脱したいですか？どう脱しますか？」と、問うてくれている存在、というふうにも捉えられます。

ただただしんどい、という時期を過ぎると、（人は、必ず同じ状況には飽きるため）あたらしい、こころの地平が見え出す瞬間が、きっとやってきます。

八方塞《ふさ》がりの状況は、あらゆる側面からのチャンスがやってきている瞬間、ともいえます。視点をあたらしいものにする、本気のチャンス、なのです。いや、宇宙レベルの長い目で見れば、どんなにしんどいと感じようとも、チャンスでしかないのかもしれません。

本来の自分に立ち戻り、「完全な自分」に出合うチャンスそのものなのです。

ヒント
ケースによっては、31ページ「とても深刻な問題が発生したとき」も参考にしてください

なにかものごとをうごかしたいときに

大小関係なく、何かのグループやチームに属しているすべての人、
とりわけ、リーダー、教師、長《おさ》と呼ばれる立場の人に。
子どもを育てる親、家庭をまとめる妻や夫に。

なにかを変革したり、ものごとを起こしたいときには、
対象となる人やグループや問題そのものを動かそうとするのではなく、
まず、何よりも自分が変わることです。

自分が変わることで、
その「ものごと」をとりまく環境をすばらしいムードにすること。
そして、そのムードを人々が暗黙のうちに感じとって、

かかわる人々の行動マナーが変わり、変わったマナーそのものの、また環境（ムード）そのものが組織を動かすようにすること。遠回りなようで、もっとも近い方法です。

人々は、目に見えるものにもですが、目に見えない環境に、大きな影響を受けています。

調和的で静寂のある組織にいれば、そのようにふるまう人物になっていきます。

ていねいさと、陽気さがある家庭に育てば、その子どもは、ていねいさと陽気さをいつのまにか、身につけています。

「頭」ではなく、からだやこころの深い部分に入ってしまっているものに、人は動かされて行動します。

口先でした注意など、そうそう簡単には、こころには入っていきません。

どうぞ、ご自分自身のふるまいや、行動で、「そうしたい」組織や家族のムードづくりをしてください。

決して「目の前のもの」に「反応」して、「ものごと」を動かそうとしないことです。

「やさしい人間になりなさい」と100回誰かにいうよりも、自分自身がやさしい人間として振る舞うほうが、何千倍も構成員の深い部分に浸透し、全体を変えていくのです。

まず、あなた自身が、家づくりの「土」であることを自覚して、どんな土だったら、よい家が建つか？　すばらしい木が育つのか？　想像してみます。

何でも「土」しだいなのだということを悟ってください。

ヒント
「動機」を動かしているのは、どうやら「潜在意識」のようです。潜在意識のクリーニングにも、ぜひ、取り組んでみてください（「呼吸のこと」［98ページ］参照）

こころは、いきおいよく

「こうだ」と確信することは、パワーそのものです。

ある明治生まれの思想家は、檻の中に獰猛《どうもう》なトラと一緒に入っても、噛みつかれることがありませんでした。

そのわけは、その人物には、「信念」があったからです。

自分はトラと入っても食いつかれない、と確信していたからです。この確信するという力が、怪我をさせなかったのです。

これと同じ力が誰の中にもあります。

すぐにトラの例を試すわけにはいきませんが、日常の中で、小さなことから試すことは可能でしょう。

思いが実現してしまう例としては……

◎「損をしたくない、損をしたくない」と思っていると損をする
◎絶対に病気になりたくないというこころが病気をうむ
◎認められたい気持ちが過度に強いと、まわりから疎《うと》ましく思われる
◎誰かに頼りたいという気持ちが、人を遠ざける
◎「時間が足りない足りない」と思っていると、時間がうまく使えない

逆に、

◎どうなってもいいや
◎なるようになるさ
◎さもありなん
◎まあ、いいか
◎どっちでもいいや

という、自分をあけっぴろげにしたようなオープンな気持ちでいれば、「問題」と

いうのは起こらないか、起こっても気にならなくなります。ネガティブな引き寄せの種になるものが、そもそも自分の中にないからです。

さらに、もっとできるならば、こころにいきおいをつけます。

たとえば、こういう消極的な気持ちを、こんなふうに、いきおいのあるこころに変えてみます。

1　またわたしが掃除するのか……いやだなあ↓掃除？　どんどんこい！　じゃんじゃんやりまっせ！

2　いつもあの人といると自分が損をするのよね……↓OK！　わたしが引き受けましょ

3　自分のことをやる時間がない↓ある時間をどう有効に使おうかな？（ワクワク）

4　おなかがすくとひもじくて……↓少しくらい食べなくたって大丈夫。プチ断食だと思えばラッキー

5　わたしなんか、どうせ、かわいくないし……↓性格はばっちりかわいいし、肌と手のきれいさには自信がある！

と、こんな感じです。

単純なポジティブシンキングのようにも見えますが、それよりもイメージは、**こころにいきおいをつける、**です。いつも受け身で、くよくよするこころではなくて、自分から積極的に向かっていくこころ、コミットしようとするこころ、祝福するこころをつくります。

そんないきおいのあるこころをつくっていくと、場合によっては、「わたしはいやです」とはっきりと、かつ、イヤ味なくいえるようになりますし、こころがさらに浄化された状態になっていくと、「いやだな」と思うのと「やめてください」が同時になっていくし、さらにそのパワーがアップすれば、もう、いやだなと思うことが消えてしまう、ということが起こります。

いきおいのあるこころは、明るいエネルギーとなって、自分自身も元気づけるし、まわりの人も照らします。何より、こういったこころの状態を続けていると、「しかるべきことが、しかるべきタイミングで起こる」「先のことがちっとも心配ではない」、そういう境地がやってくるはずです。
ケチはもうやめ。
こころを広げて、いきおいをつけ、少しずつ強くしていきます。
それは、日々の小さなこころの向きからはじまります。

NEW

女性について

近年、女性によるあたらしい動きが活発です。

世界中でその萌芽があちこちにあらわれていて、これまで女性の方々が培《つちか》ってきた土壌から木が育ち、落ち葉になり、土をつくり、また芽が出……とおおらかな循環のなかで、若い女性たちも含めて、声をあげはじめていることに、とても大きな勇気をもらい、喜ばしい、うれしい気持ちをかみしめています。

これまでわたし自身は、表立って女性や女性性について表現することはありませんでしたが、『マーマーマガジン』という媒体や、冷えとり健康法などの自然療法の体験談などを伝え続けてきた根底には、女性の身体を本来の自然の状態に戻す営みのなかで、女性自身の自立を促し、エンパワメントしたいという気持ちがありました。本来の自分自身に戻っていくということ以外に、本質的に力づけられることはないとの気持ちからでした。同時に、思考に偏りすぎず、身体性もバランスよく取り戻すことが、大げさにいえばこの世界の平和を取り戻す近道のようにも感じています。女性性という視点で世界を捉えることは、やさしい、やわらかな、調和の世界へのヒントに満ちているとも感じています。

今、多くの女性が、これまでの時代の女性とはまたひとあじもふたあじも違うかたちで、自分自身をケアし、本来の自分を自分で認め、自立への道を歩むことをはじめています。単純に男性と同じようになるということでは決してなくて、女性が女性のまま、やわらかいまま、ちいさい灯火《ともしび》のまま、ゆったりゆるんだままの自分自身でいることが、力強く、たくましいというようなありかたです（もちろん、実際に力強かったりたくましかったりする女性もOKという多様性の中での話です）。二項対立でどちらかが勝《まさ》っているということではなくて、ひとりひとりのあるがままの存在がすばらしいと認める視点が、女性や女性性という視点から考えるというときの重要なポイントです。

自然や宇宙の動きと調和し、天と地とつながって生きるような、古くてあたらしい暮らしを選択する女性たちも少しずつ増えてきました。

ところが一方で、加齢のこと、結婚やパートナーシップ、出産や育児のこと、さらには仕事のこと、表現のこと……となったときに、家父長制の残り香のする古い習慣や考えや思い込みがはびこっているなと感じる場面もたくさんあります。そのどの場面でも、一個人としていえることは、

◎ちいさな違和感を見逃さないこと
◎自分からたちあらわれる感情をなかったことにしないこと
◎違和感や感情を表現していいと知っておくこと
◎自分が幸福であるということを許可すること

が、なにより大切なことかなと思います。これは、もちろん男性にもあてはまることです。

もうひとつ、女性や女性性を語るときに、個としての自分の感情や意思を表明して

いくという態度とは別に、本来の宇宙から授かっている本能的な部分、エロスの世界も見逃すことはできないとよく感じています。

先日、ある読者の方から、「自分はショートカットが好きだが、夫がロングヘアが好きで髪を伸ばしてほしいといわれ困っている」というお悩み相談のお便り*をいただきました。

ヘアスタイルの話ではありますが、パートナーシップや女性性について考える上で、非常に考えさせられる話だなと感じたのです。非常に多様な側面をはらんだ相談です。

現代の女性の権利を主張する方向で考えれば、あまりにあたりまえなことですが、「個人がショートカットにしたいのだから、その女性はショートカットを続ける権利がある」といえます。ものすごく古い感覚の方々からすると、「夫がロングヘアにしてほしいというなら、それに三歩下がって従うべき」という方もいるでしょう。わたしは正直、厳密にはそのどちらでもないのです。

個人としては、もちろん、女性であれ、男性であれ、自分の好きなスタイルを貫けばいいというのが基本のわたしの考えです。ただ、パートナーシップという点では、そもそもパートナーの気持ちも自分の気持ちと同じように大切です。さらにそこに、性愛の要素も絡んでくると感じるのです。男性側の性癖を受容する（いのちやからだを損ねるような危険な性癖はもちろん除いての話です）というのも女性や女性性にとって非常に大切なことなのではないかと思うのです。

このお便りをもらったときに、ちょうどわたしが読んでいた本に、このような箇所がありました。

「性、すなわち宇宙原理の生命における直接的表出において、存在の本質原理は、女性側にシンボリックに表出される。性交時において、女性は、敬愛する男性の思うがままにされる時、自身が相手の思い通りの存在とされるその実感が強ければ強いほど、より深い喜悦と一体感に引き込まれるようにできている。これは人間界のみの法則ではない」

「女性は、広大なるあけわたしの次元に至る時、それに応じた宇宙次元の包容力が生まれるのだ。それがすなわち宇宙が提供する本来の母性である。そうして、受胎前に宇宙との合一による広大なる母性に満たされた母体となること、これが、男女の愛と性の役割だ」

「存在に自身をあけわたし、個の意志を超える時にのみ、人間は真の自身、すなわち、真の魂の希求する宇宙大の自身に出会うのだ。すなわちそれが、何ものにもゆるぐことのない真の自立性である。この宇宙的自立性の確立のみが人間を真の愛へと至らせる」

『新装版　ガイアの法則Ⅱ』（千賀一生＝著　ヒカルランド＝刊）
「愛と性に秘められた人間存在の真実」「太古の宇宙的男女関係」より抜粋

現代の、「わたし」をしっかり主張する世界観からすると、よく意味がわからないかもしれません。「あけわたすこと」が、どうして宇宙的自立になるのか、について理解できない方もいるかもしれません。また女性について語るとき、杓子定規に、何もかもひとつのこととして話せないとも感じています。何もかもがケースバイケース、であるからです。

それでも、わたしは、ショートカットにしたい女性のお便りと、この抜粋の箇所を同時に読んでいて、うーん、やっぱり何か答えをひとつにしぼることはできないなと思いました。結局「ショートカットにしてください。でも、3年か5年に1回くらいは、パートナーのために髪の毛を伸ばしてみてもいいのでは？」というような答えになってしまいました。誰かとパートナーを組む、チームをつくるといったときには、主張も必要です。話し合いもとても大事です。でも同時に、譲歩する、受け入れるということも同じくらい大切かもしれません。

現代では、恐怖心や不安感をベースに「奪い・奪われる」という発想でものごとを捉えてしまう場面も多々あるかと思います。でも、わたしは、殊に女性や女性性について考えるとき、愛や安心をベースに「与え・与え合う」「受容する」「許す」「肯定する」、時にある種の「あいまいさ」、そして「多様性」、そういった感性も大切にすると、ものごとを捉えるときに非常に自然でスムーズなのではないかなと考えています。エネルギーの方向を逆にするようなアイデア、こう、思わず脱力するような場面にこそ、問題を解く鍵がひそんでいそうです。

今、世界もですが、地球という存在が大きな変化を迎えはじめているようです。ある世界の見方のなかに、約2万6000年のサイクルの中で、約1万3000年ずつ、男性性優位の時代と、女性性優位の時代が繰り返されているという説があります。現在ちょうど、この男性性優位の時代が終わり、女性性優位の時代に入ったといわれています。

二元論的な思考から一元論的な感性へ。
分離の意識から、統一の意識へ。
男性性より女性性のエネルギーで行うとスムーズになる時代へ。

まだまだ男性性優位だった時代の名残はほうぼうにありますが、でも、世界は、地球は、おおらかに女性性を主とする感性へすでに動きはじめています。よく観察すれば、誰の目にも、その萌芽をあちこちで見ることができるはずです。

二元論的発想や分離の意識、男性性がNGということではありません。ただ、その優位性が、約1万3000年ごとに交代しているというだけの話です。

このことを踏まえて考えると、女性や女性性について考えたり、取り組むさい、より奥行きのある視点をもつことができると感じています。

「自分のなかの自然に目覚めて生きる」生き方は、もともと女性が得意とした生き方そのものです。

あたらしい愛の時代を生きる生き方は、女性や、また男性の中にもある女性性に、大いなるヒントがひそんでいます。思考優位ではなく身体性やこころ&魂優位で、目に見えるものだけではなく目に見えないものへの感性も豊かに歩んでいく時代は、静かに、しかし堂々とはじまっています。

愛と安心をベースに、女性本来のあけわたすことが本質的な自立になるというような生き方に、わたし自身は新鮮なあたらしさと、自然や宇宙の深みを感じています。

＊ **お悩み相談のお便り**　２０１９年５月配信、声のメルマガ「服部みれいのすきにいわせてッ」内でのお悩み相談の話です

しあわせになる

どんなときも、幸福について考えましょう！

わたしたちは、しあわせになるために、生まれてきました。自分が本当にしあわせだなと感じることを、選択してよいのです。

なにかしばられていると感じたら、その規制をつくっているのは、実は自分自身なのかもしれません。たとえば、「自由になりたい」という人は、自分の中にもともと「自由でない」という感情をもち、自分を縛っているのです。本当は、その人自身の中に、自由になる力があるにもかかわらず、です。

どんなときも、しあわせでいることを、自分に許可してください。

自分が認めただけ、人はしあわせになります。しあわせになって、失うものはありません。誰も傷つけません。何も損なったりしないのです。

個人の本来の幸福とは、永続的で、広がっていくものです。しあわせになると、自然の営みのごとく、必要なところに必要なことがやってくるような必然ばかりになります。それをただ感謝して受け容れればよいのです。

どうぞ、いつも、しあわせについて考えているようにしてください。しあわせな人こそ、まわりの人をしあわせにします。しあわせな人は、シンプルで、豊かで、リラックスしています。いつも、誰かと比べたりしないで、自分自身がどうしていたらしあわせかを知り、それを選択する勇気をもってください。

第2章 からだという自然

運動不足を感じたら

運動に関しては、実は、さまざまな意見があります。
運動をしたほうがいい、運動はさほどしなくてもいい……。
わたしが、いいなと思う、運動に関する考え方は、

◎運動するなら、部屋じゅうを掃除する

というものです。[*1]

掃き掃除、拭き掃除、どんなに狭い部屋でも一生懸命やったら、相当の運動量になります。部屋もきれいになりますし、こころもすっきりします。

ぞうきんをもって拭き掃除を一生懸命やったら、足も腰も、かなり使う必要があり

ます。

もしできるならば、丹田《たんでん》*2を感じながら、しっかり掃除にはげみます。運動不足はどこ吹く風、のはずです。

ヒント

＊1 運動するなら〜 『新版 万病を治す冷えとり健康法』（進藤義晴＝著 農山漁村文化協会＝刊）からヒントを得て実践しています

＊2 丹田 おへそから約9cm下あたり（へそ下三寸）の場所のこと。別名「肚《はら》」。日本の武道などでも、重要視されています

姿勢一考

本当に若かったころというのは、眠っているように生きていた、というか、目をつぶって歩いていたというか、実にとぼけた暮らしをしていたなと思うのですが、特に、わたしの中で、お粗末だったなと思うのが、姿勢です。

大学生になったころから、バンドをやったりして、ロックミュージックに傾倒しすぎて、わたしの髪の毛はどんどんぼさぼさになり、歩きかたも、ぼそぼそだらだらとするようになり（当時はそれがイケてると思っていた）、その姿勢をずっと大人になってからも続けていました。

今なら、はっきりとわかる。

姿勢は、こころをあらわしていると！

そんなことというと、「おいおい、うさんくさい説教がはじまるんかい」と思われるかたもいるかもしれませんが、でも、これは、本当にそうだと思います。

ある時、ひょんなことから、あるからだの先生と出合い、立ちかた、歩きかたを、少しずつ学んでいます。

その先生と出合ったころのわたしはといえば、首はぎゅっと縮こまり、肩はあがり、背中のヘンな部分に力が入って、足は胴体にぶら下がっているだけ（がーん）、地面をしっかり踏んでなんかいやしない、肚《はら》なんかひとつもできてやしない、体幹なんてどこにもありゃしない、意識もしたことがない、顎《あご》は前につきでて、からだは不自然に前傾し、背骨はねじれ、骨盤もねじれ、足はだらしなく外に広がり、そんな姿で生きていたのでした。ひどい。ひどい。ひどすぎです。

実際当時のわたしのからだは、サイアクの状態で、腸から血をだらだらと流し[*1]、それにもかなり無自覚で生きていたのでした（無自覚だったのが何よりひどい）。

今思えば……当時の自分は、わたしのからだにいなかったように思います。なんといったらいいかな……わたしが今ここに生きていない、といったらいいでしょうか。

簡単にいえば、わたしのからだは、焦《あせ》って前に出ていて、それでいて、逃げているような、そういう姿勢をしていたように思います。歩いているふうでぜんぜん歩けていない、そういう姿勢、歩きかたです。

実際、それまでのわたしの人生は、うまくいかないことばかりでした。何をやっても空回り。泣いたり怒ったり落胆したりすることの多い人生。そりゃそうですよね、首はぎゅっと縮こまり、肩はあがり、背中のヘンな部分に力が入って、足は胴体にぶら下がっているだけ（がーん）……（前ページ3行目からの文章をループ）という姿勢だったのですもの。こういう姿勢をしている人が、運のよい人生を送れるか？　いや送れないのです。

心身一如。こころとからだはひとつ。わたしのからだの先生は、「服部さん、からだは結果ですからねー」と、ひょうひょうとした声でよくおっしゃいます。そう、こころの状態はからだに出るんです。姿勢に出る。姿勢を見れば、その人となりだってわかるというものです。

あれから数年経ち。少しずつではありますが、わたしの姿勢は変わってきました。首が伸びました。背筋も変わりました。まだまだ前傾ぎみですが……パソコンの打ち方が影響しているそうです……それでも、足の裏から地球の中心に向かってピックをさして、立つ[*2]ようになりました。

からだはどうなったか？　すこぶる元気になりました。こころは？　どっしりと安定してきました。冷えとり健康法などの結果ももちろんあるけれど、わたしは内心、姿勢とも連動している、と実感しています（冷えとりの結果、姿勢がよくなった、とも）。

わたしが変わったから姿勢が変わったのか、姿勢が変わったからわたしが変わったのか。きっと、両方、ですね。

姿勢が変わったわたしの人生は、まちがいなく、ふらふらで歩いていたころよりもいいんです。

猫背によって閉じていた胸は開き、呼吸も深くできるようになったみたい。

わたしがわたしのからだにいて、何より、今ここに生きている、という生き方をするようになったと感じています。

ヒント

＊1　腸から血をだらだらと〜　潰瘍性大腸炎（国の指定難病）

＊2　足の裏から地球の中心に〜　この立ち方は、次のように行います

1　足の指がすべてまっすぐ前を向くように立つ

2　左右の足の間は、3㎝くらいあける

3　足の裏の中央から、ストローが伸びていると想像する

4　両足から地球の中心に向かってストローを伸ばすイメージをする
5　両腕は、洋服のサイドのぬい目にそわせる
6　あごを軽く引き、肩は下げて、上半身はリラックスする
7　2本のストローを伸ばしながら、からだの中心に寄せていく
8　1から順番に行っていき、7までいったら、そのままの姿勢で、しばらく立ち続ける

ものに頼らず、自分に頼る

「ものに頼らず、自分に頼る」ということばを、わたしに教えてくれたのは、才田春光《さいだしゅんこう》さんという女性です。

ピールアート[*1]のアーティストで、月経血コントロールを女性たちに伝えている人。わたしも才田さんの講座を受けてすぐに、生理の期間は、完全に布ナプキン[*2]だけにして、月経血コントロールを実践しています。

それにしても、これ、生理の話だけではなくて、何にでもいえる話ともいえそう。今、とにかくものが溢れていて、なんだって、もので解決してしまいそうになるけれど、実は、もの頼りではなくて自分頼りにしたほうが、奥行きのある、おもしろい体験が待っています。

あたり前に買っていたマヨネーズを手づくりしてみる、石けんづくりにトライしてみる、洗濯機で洗っていたものを手洗いしてみる、いつもは電車に乗っている区間、ひと駅だけ降りて歩くだけでも、おおいにあたらしい発見がありそうです。暑いからといってすぐにクーラーをつけたり、寒いからといってすぐに暖房をつけるのではなくて、服装や暮らしの工夫で、寒さ暑さをしのぐ知恵も身につけたいものです。音楽を聴く器具がなければ、自分で楽器を奏でたり、歌を歌えばよいのです。

ことに、からだのことに関しては、**「ものに頼らず、自分に頼れ」**ということばがよくあてはまるように思います。ぜひ、今度、何か選択するときがきたら、このことばをこころに思いだしてみてください。全部じゃなくていいし、完璧である必要もありません。でも、ひとつひとつ、自分頼りにしていくことで、自分自身もたくましく強くなれそうです。何より、自分に頼る人が、誰よりももっているもの、それは、「自由」である、ということはまちがいなさそうです。

それにしても、人のしあわせって、本当に、何なのでしょうね？
何をしているときに、心底、しあわせを感じるのか？

究極的に何がいちばんしあわせなのか、と根気よく追い求めていくと、最後には、自分頼りにする生き方ともつながっていると思うのですが、いかがでしょうか？

（ヒント）

＊1　ピールアート　「ピール（果皮）」を主な素材とする創造芸術。創始者の才田春光さんによってみかんやりんごの皮や豆のさや、卵の殻などを再生させた繊細な作品が発表されている

＊2　布ナプキン　洗って繰り返し使える布製の生理用品。さまざまな素材や形状のものが市販されているが、才田春光さんは、よい布ナプキンの条件として「マスクにできるくらい通気性がいい」「1枚の布になって汚れ落ちがいい」「化学染料で染めていない」の3点を挙げ、ガーゼのような風合いの布ナプキン「スナフ」を製品化。スナフは「マーマーなブックスアンドソックス」で購入できる
http://murmur-books-socks.com/

内臓に話しかける

からだには、偉大なる自然が宿っています。からだは、森のようであり、また宇宙そのものであるともいえます。

そのからだ＝自然に、もっと語りかけるようにします。

たとえば、胃腸が不調になった場合。

胃や腸に、「ありがとう」「ごめんね」と話しかけます。

（からだが不調であるということは、その内臓に負担がかかっていたということですから、これまでの懺悔《ざんげ》と感謝のことばを必ずいいます）

生理痛がひどい日には、子宮に、話しかけます。

内臓に、がんなどの腫瘍ができた場合は、その腫瘍に向かって話しかけます。

場合によっては、名前をつけるのもよいでしょう。[*1]

自分（の左脳）が、「ああするべき・こうするべき」と思う日でも、ただ、**内臓に訊いてみる**、という態度になるだけで、おもしろい結果が訪れるかもしれません。

声をかけるときは、やさしく、ていねいに。**子どもに話しかけるように、おだやかに行う**ことがポイントです。

毎朝起きたら、自分の内臓たちに、「今日もよろしくね！」と声をかけるのもいい習慣です。わたしたちが眠っている間も、24時間、365日、内臓はわたしたちのために働いてくれているのです。思い出したら、気持ちを向けて、できるメンテナンス[*2]をしたり、感謝したりしたい[*3]ものです。

ヒント

＊1　名前をつけるのもよい～　89ページで紹介した才田春光さんは、子宮に名前をつけることを薦めています。「～ちゃん」というように、子どもを呼ぶような名前が適しています。そうして、しょっちゅう、話しかけるようにします

＊2　内臓のメンテナンス　その内臓に対して、いいといわれるものを食べる、などのメンテナンス法もありますが、中でも断食はすべての内臓にとって、とてもよいメンテナンスになるはずです（ただし、もちろん個人差があると思います。必ず専門家について行ってください）

＊3　感謝したりしたい　内臓にしばらく手をあてて感謝の気持ちをおくるのもおすすめです

声のよい人に

「ああ、声がとびきりすてきだな」と思う人の顔、思い浮かびますか？ 生まれながらに「声がすてき」という人ももちろんいますが、どんな人でも精神的に成熟し自立をしてくると、声がとても魅力的になります。

逆に、声が聴きづらい人、きんきん声の人、笑い声が何かひっかかる人……は、呼吸が浅かったり、いっていることと思っていることが合致していなかったり、どこか無意識のうちに自分に嘘をついて生きている……かもしれません。

どうやら、声は、その人自身を表している、といってもよさそうです。

成熟して自立している人の声とは、声がほどよく大きく（小さすぎず、大きすぎない)、はっきりとしたもののいいかたをして、とても聴き取りやすく、聴いているだけで気持ちがよいものです。

なお、冷えとり健康法を続けているおかあさんのあかちゃん、ないしは、冷えとりをしているあかちゃんは、泣き声が不快ではない、と聞いたことがあります。冷えとりでいうところの「毒」が少ないと、それは声にもあらわれるということなのかもしれません。

日常生活の中で、気持ちよく歌をうたったり、時に大自然の中で大きな声を出したりすることも大切です。

呼吸が深く、長くなると、自分自身が成熟し、自立する方向に向かいます。

どうぞ、声に注目してみてください。すてきだな、と思う声の人物が、どういうふるまい、どういう生活をしているか、観察して、ぜひ自分のヒントにしてください。

ヒント

◎人と人が惹かれ合うときに、声がとても大きな割合を占めていると聞いたことがあります。社会心理学者アルバート・メラビアンによると、他人に感情や態度を伝える場合、「感情の統計＝言葉による感情表現7％＋声による感情表現38％＋顔などによる感情表現55％」という法則があるそうです。約40％も占める声に、もっと気持ちを向けてみてもよいかもしれません

◎シュタイナー学校*や幼稚園の教師は、声が小さいです。小さいほど、子どもたちは真剣に耳を傾けます。この両者の行為がとても尊く、子どもにとっても大人にとっても人間の気高い部分を呼び起こすものだなと感じています

◎心身が整ってくると、かならず声も変化します。しっとりとおだやかで聞き取りやすい声になるのです。もちろん日々のコンディションによっても変わります。自分の声の調子にもぜひ注目してみてください

＊ **シュタイナー教育とは**　オーストリアの哲学者で神秘思想家ルドルフ・シュタイナーが提唱した教育。芸術を通した教育で、自由な生き方＝自らの意思で行動できる人間に成長することを目指す。本来は、「ヴァルドルフ教育」と呼ばれ、世界中に実践する学校がある

呼吸のこと

今、にっちもさっちもいかない状況に悩まされていたなら。もがいてももがいても出口の見つからない問題に苛《さいな》まれていると感じるなら。

また、自分に自信がない、いつも自分を責めている、不安でいっぱいだ、悲しい気分から抜け出せない、誰かをとても恨んでいる、誰かのことをとても怒っている、余裕がなくてリラックスできない、嫉妬心でいっぱいだ……など、そんな感情がこころにあるならば、**正しい「呼吸」**[*1]を今すぐ行ってください。

呼吸は、からだのなかで、自分が唯一、コントロールできるものです。

わたしたちは、心臓を止めようと思っても止められないし、血を勢いよく流そう！と思っても、自分の意志ではできません。

ただし、呼吸は、自分が取り組むことで、コントロールすることができます。しかも、**呼吸は、わたしたちのからだとこころをつなぐ、とても重要なもの**であり、わたしたちがわたしたち自身であるために、こころをきれいに掃除するのに、うってつけの方法です。

呼吸でもっとも大事なことは、

◎先によく吐くこと
◎気持ちよく、たくさん吐くこと

です。先に吐いて、かつ、たくさん吐けば、あとは、ほうっておけば、息を吸うことができます。

今の自分をとにかくなんとかしたいならば、何はともあれ、呼吸に意識を向けてください。そうして、とにかくよく吐きます。**鼻から息をすーっと静かに吐き出すので**

す。**吐く時に、おなかが自然にそうっとへこむように……。あとは、力を抜くだけで**す。力を抜く時に、おなかが静かにふくらみます。どうですか？　「うまくやろう」「長く息を吐こう」などと思わず、ただただ「ここちよく」行うのがポイントです。

これは実際に、わたしの呼吸の先生である、加藤俊朗さんに習った方法です。さあ、さっそく、以下の文章を読みながら、やってみてください。

背骨のいちばん下にある、仙骨[*2]という部分を立てます。次に、鼻から息を吐きます。静かに、そうっと吐きます。自然におなかがへこみます。吐いたら、力を抜きます。以上です。

今の自分を超えたくなったら、いつでもどこでも、この呼吸法をやります。何度やっても何時間やってもかまいません。横になってやることもできます。わたしは毎晩、寝る前に、この呼吸法をしてから眠ります。おふとんの上に横になったら、頭の先からつま先にかけて、全身リラックスします。そうして、この呼吸法を行います。頭の中を真っ白にして、眠ることができます。

人前に出る前に（緊張しそうな場面で）、大事な話し合いの前に、ただ、何かを待っているようなときに、集中して何か行う前に、心身に不調を感じるときに、感情的になったなと感じるときにも、この呼吸法を行います。

わたし自身、どれだけ、この呼吸法に助けられてきたか！

いつもあなたとともにいる呼吸に意識を向けて、そして呼吸を自分のいちばんの味方につけてください。

今の自分を超えていくための、シンプルでもっとも力強く、確実な方法です。

呼吸の重要性は、どれくらいいっても足りないほどです。どうぞ、呼吸に意識を向けてみてください。

ヒント

＊1　正しい「呼吸」　この呼吸法は、加藤俊朗さん（239ページ参照）に教わったもの

です。くわしくはぜひ、『呼吸の本』（加藤俊朗、谷川俊太郎＝著　サンガ＝刊）を、お読みください

この呼吸法によって、潜在意識をきれいにすることもできます。くわしくは、『恋愛呼吸』（加藤俊朗、服部みれい＝著　中央公論新社＝刊）をお読みください。タイトルに「恋愛」ということばがついていて、確かに、恋愛についての内容がメインではあるのですが、この方法は、全方位的に、すべてのこと（仕事、育児、夢の実現など）にあてはめることができます。ぜひ、ご自分のものにしてください

＊2　仙骨　背骨の下端に位置する骨。骨盤の中央に位置し、聖なる骨とも呼ばれています。生命力（クンダリーニ）の貯蔵庫であり、上には背骨が、内側にはぼうこうや直腸、女性は子宮や卵巣もあり、大変重要な骨です

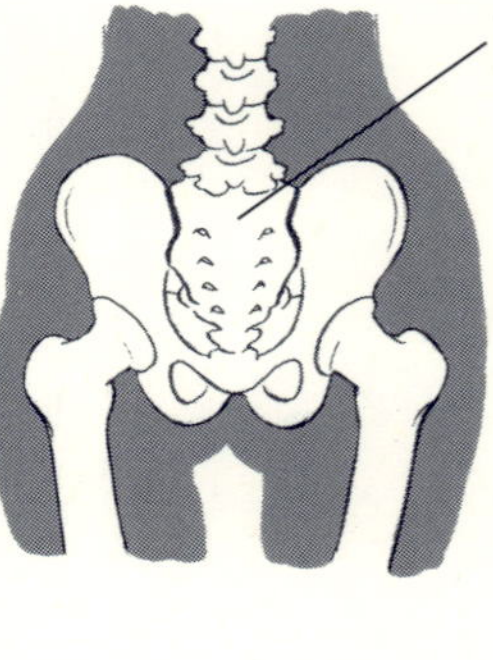

からだが不調になったら

からだが不調になったとき、その症状をおさえること＝治すことだ、と理解していることが多いようですが、わたしは、さまざまな経験を経て、それは違う、と思うようになりました。

からだの不調は、こころの不調の場合と同様、からだやこころからのメッセージです。

どういうメッセージか？

「今までの生活を見直しなさいよ」ということです。

対症療法で、その症状をいったんおさえても、根本の原因が変わらない限り、同じかまたはかたちを変えてまた、症状は出てきます[*1]。

症状をむやみやたらと薬などでおさえるのは、家に突然、お客さんがきたときに、部屋に散らかっていた洋服を、押し入れにぎゅうぎゅう詰め込むのと同じです。一時はしのげるかもしれませんが、あっという間にまた、洋服は散らかります。でも、根本的に解決してしまえば、部屋が散らかることはなくなります。つまり症状も出なくなる、ということです。

生活とは、食べ方であり、服の着方であり、入浴の仕方であり、睡眠であり、暮らし方であり、何より、こころの姿勢です。

川上がこころ、川下がからだ。こころの結果がからだ、なのです。からだは、過去の自分をあらわしているのです。過去の生き方、過去のこころのありようをうつしだしている。

最終的に見直すべきは、自分のこころの向きであり、自分のありようが、からだに、メッセージとなってあらわれるのです。

見ようによっては、ただ、今生《こんじょう》（今の自分の人生）での人生だけではなくて、生まれる前からのカルマや、自分の家族がもっている因縁などを解消する機会、という考えかたもあります。[*2] からだの症状に気づいた瞬間というのは、そのような、自分自身の壮大な「掃除」をはじめる、最高のスタートの発砲音がいよいよ鳴ったというのと同じかもしれません。

不調は、そう考えると、ただただありがたい、感謝の対象となります。出ないのがいいことなのではなく、出ることがいいことだと悟れば、とてもおおらかな気持ちで、からだと向き合うことができるはずです。おおらかな気持ちで過ごすこころは、毒を出していくための、とてもよい伴走者となってくれるはずです。

不調よ、万歳！　不調に祝福を！　気休めではなく、この掃除のスタートを、こころから喜び、自分を見直す好機にしてください。

●おすすめの本
『新版　万病を治す冷えとり健康法』（進藤義晴＝著　農山漁村文化協会＝刊）

『風邪の効用』（野口晴哉＝著　ちくま文庫）
『人はなぜ治るのか――現代医学と代替医学にみる治癒と健康のメカニズム』（アンドルー・ワイル＝著　上野圭一＝訳　日本教文社＝刊）
『癒す心、治る力――自発的治癒とはなにか』（アンドルー・ワイル＝著　上野圭一＝訳　角川文庫ソフィア）
『自分を愛して！――病気と不調があなたに伝える〈からだ〉からのメッセージ』（リズ・ブルボー＝著　浅岡夢二＝訳　ハート出版＝刊）
『幸福なる人生』（中村天風＝著　ＰＨＰ研究所＝刊）
など

ヒント

＊1　対症療法で～　もちろん、これは、大量の出血を緊急に止めるなど、対症療法が必要な場合以外のたとえです。重篤な症状や急性の症状に対

しては、対症療法が何より必要な場合も数多くあるはずです。ただ、自己治癒力を喚起し回復させるなど、そうではない方法があるのに、何でもかんでも、薬などで抑えようとする態度に対しては疑問があります。一方、すぐに薬に頼ろうとする依存的なこころにも気づけるとよいかもしれません

＊2　カルマ　因縁。いいカルマも悪いカルマもある。「蒔いた種は刈り取らなければならない」、それが、カルマの法則だと理解しています

第3章 うつくしさという自然

鏡をつかって

鏡を毎日の生活の中で、もっともっと取り入れるようにします。

朝起きたとき、寝る前、仕事中、街の中で……。

鏡を見たら、いつでも、にっこり笑います。

仕事場がある人は、デスクにちいさな鏡を置くのもおすすめ。電話をしているとき、必ず鏡を見て、にこにこしながら話します。

自分の顔が好きとかきらいとか、または、吹き出物が気になるわとか、ぽっちゃりしてきたな、など、顔に対しての「感想」が湧き起こっても、そのままにしておきます。大切なことは、ただ、口角をあげて、笑うことです。うまくできているとかできていないとか、一切気にしません。

鏡は、わたしを知り、わたしの中の本来のわたしを引き出す、とても重要なツールです。使わない手はありません。

ヒント

神棚などにはよく鏡がありますが、神道では、「鏡は神様が宿る依代《よりしろ》」といわれているそうです。なお、鏡を「ご神体」とする神社も多く、その起源は、『古事記』の「天岩屋戸に隠れたアマテラスが、天岩屋戸の扉を少し開けた際に鏡を見せられ、そこに映った自分を見て、新たな貴い神が現れたと思って岩戸から出た」という記述からだそうです。アマテラスを岩戸から出すために、鏡が使われた、ということです。この伝説から、鏡は神の依代であると同時に、人間のうちに眠る神性をうつすもの、といわれるようになりました

●参照　『図解　ふしぎで意外な神道』（岡田明憲、古川順弘、吉田邦博＝著　学研パブリッシング＝刊）

うつくしさとは「ムハ」力なのだ

うつくしいって、一体どういうことをさすのでしょうね。

人は、何を見て、うつくしい、と感じるのでしょうか。美人であるとか不美人であるとか、イケメンだなとか醜男であるなとか——。なにがそれらをわけへだてているのでしょうか?

まず、いつもこころのどこかで覚えておきたいのは、それらは、自分たちが住んでいる社会や歴史的な背景において「つくられている」ということです。「こういう姿がうつくしいよ」「こうふるまうとかわいいよ」「こういう顔がきれいだよ」……エトセトラ、エトセトラ。こういうことは、今すぐに図書館か美術館にでも行けばすぐにわかることです。歴史的に「うつくしい」とされてきた内容や意味が、いかに、変わってきているか(世界の歴史の中には、ものすごくぽっちゃりした体型がうつくしいとされたり、とてつもなく足がちいさいことがもてはやされたりしたこともありました)。もし、自分の家族か友だちの家族のアルバムを見る機会があったら、冷静な目で見てみるのもいいでしょう。ほんの数十年前のメイクや髪型、ファッションが、今とどんなふうに違うかを（中には、数十年前のほうがうんとかっこよかったじゃん！と思う人もいるかもしれませんね)。

今、生きている社会や時代背景の中で、「今」に合ったうつくしさを保っていることは、もちろん、とてもたいせつなことです。だって、うつくしくいることは、自分自身にとって快適なことだし、(おそらく) まわりの人にとっても居心地がよいことでしょうし、そのおかげで、自分が認められるという確かな感覚をもつ、その助けにもなるでしょう。

でも、一方で、そのうつくしいという基準に、やたらと振り回されたりするのは、相当、滑稽なことかもしれません（自分が未来の住人となって、振り回されている自分というものを想像してみるといいかもしれません……どうですか？　笑っちゃいませんか?)。さらにおかしいことがあります。それは、「自分なんて」と、卑下する態度です。まず、「自分なんて」と思っている人の多くは、ものごとを全体で見るということに慣れていません。どちらかというとものごとをごくごく小さく切り取られた「部分」で見ているのです。そして「部分」にとらわれた生き方をしています。

人の魅力とは、そういった部分だけを注目して感じることではありません。人は、人の全体を見て……その人の全体からムハッと立ちあらわれている何かを見て、すてきだなとか、きれいだなとか、魅力的だわ、と感じるのです。何か顔の造作の一部分やマスカラのメイクが異様にうまくいっていることや足が長いということだけですてきだなとは決して感じません。人が、本質的に、魅力的にうつくしくなるということは、この**「ムハ」力**をあげることなのだとわたしは思っています。うつくしい人というのは、この「ムハ」力が、大変高い人なのだ、ということもできそうです。

その人全体からムハッと立ちのぼる魅力……。この「ムハ」って、何から生まれてくるのでしょうね？　それは、ぜひ、ご自分自身で考えていただきたいのですが（教えてもらうよりも、自分で気づいて、獲得していくほうが、確実なムハ力がつきそうですから）、でも、少しだけヒントをお話ししたいと思います。

うつくしいということが、どういうことか、というお話です。

最初に、うつくしいとはその社会や時代背景で「つくられる」といいましたが、実は、わたしは、**もっと普遍的なうつくしさというものが、この世に存在する**と感じているのです。

たとえば、夏に木が緑に茂るのを見たとき。空が朝陽でアプリコット色に染まるのを全身で感じたとき。秋の海で静かな波のリズムを聞いたとき。これらのうつくしさは、おそらく、社会が変わっても、時代が変わっても、そう大きくは違わないはずです。**この自然に感じるうつくしさと同じうつくしさが、わたしたちの中にもあり、その部分が発動するときに、人は、本質的な、変わらないうつくしさというものを放つのではないか、と。**これは国籍も年齢も性別も超えるものです。これがヒント１です。

もうひとつは、**行為にヒントがあります。**うつくしい行為、というものが、この世の中にはあるような気がするのです。人がするうつくしい行為って、どういう行為なのでしょうね？　わたしは、どんなときも対象に対する尊敬が感じられる行為をうつくしいと感じよう。何より愛の行為はいつだってうつくしい。これがヒント２です。ぜひご自分でも考えてみてください。

美醜について、くよくよする前に、

◎全体でとらえる
◎自然のうつくしさが、自分の中にあるのを思い出す
◎うつくしい行為とはなにかを考える

など、自分なりに、小さなことから実践してみると、自分の中からうつくしさが発動しはじめるように思います。

そう、うつくしい、とは、もともと、すべての人の中にあるものなのです。ただ、ほとんどの人が、それを発動させていないため、「今」の感覚でのうつくしさに翻弄されたり、一喜一憂したりして、よりその姿を醜くしています（！）。もう一度いいます。**うつくしい、とは、すべての人の中に最初から備わっているのです。その部分を、ムハッと発動するだけなのです。**

自分の中にあるうつくしさに気づいてください。そして、そこから自分という存在の全体が輝くように振る舞ってみてください。

ヒント

◎本当におもしろかったこと（おもわずぷっと吹き出すくらいおもしろかったことです）、最高にしあわせだった瞬間を思い出してください。そうしてその感情をいつもいつも思い出して、自分の中に定着させるようにします

◎鏡を見るとき、全身で、引いて見るくせをつけましょう。「部分」へのこだわりを手放すようにします

◎うつくしい行為だなと思うことを、３つ書いてみます。そのうち１つずつ、１週間以内に実践してみます

服を買うならこんな店

服を買うとき、こんなことに気を配ってみます。

◎お店をのぞいてみて、空気が澄んでいるようなお店
◎店員さんが、やたらとしつこくないお店
（売ることばかりに、必死ではないお店）
◎店員さんが、魅力的なお店
◎ものやお金が循環していそうなお店
◎どんよりしたエネルギーのものが置かれていない店
◎清潔なお店

目に見えるものと同時に存在している、目に見えないものも感じられる自分になり

ます。これはむずかしい話やあやしい世界の話ではなくて、**自分にとって「ここちよいものは何か？」ということに素直である自分になる、**ということです。

流行や環境や年齢などを加味して服を買うのもたのしい行為のひとつかもしれませんが、そのように「頭」で買うことをやめることによる恩恵ははかりしれません！「頭」で買うことをやめれば、もっと自分に合う、魅力的な服に出合うことができるでしょう。

その服は、あなたに幸運をもたらし、気持ちのよい出合いをもたらすことだってあります。

まずは、服選びから。いつもとは違う視点でお店を見回してみてください。

泡がなくたって生きられる

「なんだか世の中、本当に変わってきたなあ！」とつくづく思うのは、かわいい雑貨屋さんで布ナプキンが堂々と売っているのを見たとき、そして都会の駅ビルの1階がワンフロアじゅうオーガニックコスメのお店だらけだったとき、なのですが、２０００年代、特に２０１０年あたりからの、スキンケアやコスメのオーガニック化には大変な勢いがありました。２０１９年現在、オーガニックコスメは、特に都市部の人々にはごくあたり前の日常的な存在となっています。

食品、建築、車……どの分野よりも、一番勢いがあるのでは？　と感じるくらい。肌につけるものは、安全なものにしたい、という欲求とともに、パッケージなどもおしゃれになって、「オーガニック＝おしゃれだね」という気運が急激に高まったことは、本当に、すばらしいことだなと思います。

これまで……といったって、長い長い歴史からすれば、ほんの数十年のことだと思うのですが、自分のうつくしさのために、自分のからだや地球環境に負荷をかけ、「からだ？　地球？　そんなの知らないッ、わたしきれいになりたいんだもの」と（いや、正確にはそんなことを考えもせず、いや、もっといえば知りもせずに）、石油系の界面活性剤ほか、合成香料、合成保存料、合成着色料、そういったものをたっぷりつかった製品を、ためらいもなく肌に塗ってきたわけですが、やはり、自然にそぐわないものは、自然に淘汰されていくものなのかもしれません。

いや、合成なんとかだとしても、からだに負荷がなく（できればからだにもよい影響のあるもので）、自然環境にも負担がかからないものなのであれば問題ないのですけれど、やはり自然でないものはそれを使った結果、自然をもとに戻せるのか？　もとのかたち以上にできるのか？　さらにからだへの影響は？　お肌への毒は？　と考えていくと、できるだけ避けたいという気持ちになるのが自然なのだと思います。

さて、そんな、からだにも自然にもやさしいオーガニック製品を使っていると、さらに次の段階がくることがあります。それは、シャンプーもリンスも石けんさえも使わない、という選択です。香りの強い洗剤などに慣れ切った方からすれば巨大なハテナマークが頭上にあらわれるかもしれませんが、シャンプー、リンス、石けん、さらには食器用洗剤から洗濯用洗剤まで一切使わずに生活している人も存在します。しかも少しずつ少しずつ増えているようなのです。

わたしは、シャンプーとリンス[*1]と石けん[*2]をやめました。洗濯[*3]は、完全に自然に還るものを使い、食器洗いは、最低限の汚れだけに洗剤[*4]を使っています。これもいずれなくせたらと思っています。

「泡のない生活なんて、ありえない」って思っているかもしれませんが、暮らしの中に、あの派手派手しいパッケージのボトルたちがなくなるのは、本当に楽です。自分自身が楽なんです。お風呂も汚れなくなりました（！）。それでいて以前よりも、自分が清潔です。へんなにおいもしません（むしろいい香りだと思います）。

わたしたちは、愛や自然がなくては生きられないけれど、泡はなくたって生きられるのだといいたいです。

ヒント

＊1　シャンプーやリンスを使わない洗髪

○塩で洗う（塩浴《えんよく》）

①広口の容器に500㎖程度のお湯を入れ、完全には溶けきらない量の塩を入れ、「塩湯」をつくります

②塩湯を頭のてっぺんや髪、頭皮にやさしく塗ります

③「5〜10回ほどなでると肌がヌルヌルしてくるので、塩分が残らないように洗い流します

④最後に冷水をあびて終了です（寒いときには④は省略する場合もあり）

参照『マーマーマガジン』21号「塩浴のすべて」

そのほか、お湯で洗う、麺類のゆで汁で洗う、酢水でリンスするという人も。どの方法も、まずは頭皮をていねいに洗うのがポイントです

＊2　石けんを使わない生活

○塩で洗う

髪を洗うのと同様に、「塩湯」で全身を洗います

＊3　洗剤を使わない洗濯の方法

○軽い汚れなら、セスキ炭酸ソーダ（「アルカリウォッシュ」などの商品名で市販されて

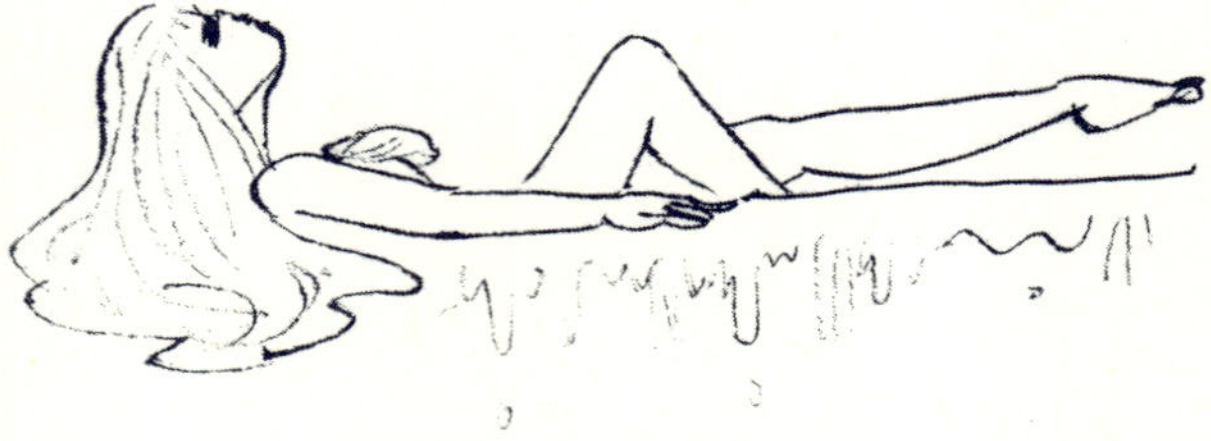

います）を洗剤代わりに使えます。数時間〜一晩浸けおきすると、さらに汚れが落ちやすくなります

＊4　洗剤を使わない食器洗い

◯アクリルたわしや食器洗い用のクロスを使う
◯麺類のゆで汁を使う
◯油汚れにはセスキ炭酸ソーダを水に溶かしたものを、焦げつきには重曹を使う

などの方法があります
いずれも、洗う前にボロ布や新聞紙などで汚れを拭き取っておくと洗いやすくなります

旅行のとき

わたし自身、旅行のとき、もっていけるときには、塩をもっていき、「塩浴」をしています。そうでないときは、お湯だけで洗ったり、時には備えつけのシャンプーを利用することもあります

このうち、できることからはじめてみてはどうでしょうか？　週1回でも、たくさんの人が実践することによって、自然は、きっ

とほっとするはず。自分が川や海だったら……ああ、助かった！　という気分に少しはなるような気がします

脱毛について

なぜだかよくわからないけれど、脱毛についてよく質問を受けます。

わたし個人というよりは、『マーマーマガジン』宛のお便りに、定期的に届くのが脱毛の問題です。

薬品的なもので毛を溶かす、剃る、ないしは、形成外科的な手術を受けて、一生、生えないようにする。現代にはいろいろな方法があるわけですが、自然とともに生きる暮らしをはじめると、はたと、「脱毛、どうしよう」……と冷静になるのかもしれません。

脱毛について立ち止まるようになるのも、ひとつの、自然を意識しはじめたバロメータのひとつといえるのかな？　あくまでひとつですけれども。

さて、脱毛問題です。

自然と脱毛。

こうやって書いてみると、まあ、決して自然ではない気がしますね……。そもそも自然に生きる動物たちは、自ら脱毛しないですものね。かといって、ぼうぼうにのばし放題というのも、日本ではまだポピュラーではないし、人目も気になってしかたがないような気がします（その昔、まだわたしが子どもだったころ、MTVを見ていたら、ドイツのヴォーカリスト、ネーナという女性の腋《わき》に毛があるのを発見して、目がまんまるになったことがありますけれど、今だって、海外の方などで、腋が「自然状態」である人を見ると、いまだにドキリとしたりしてしまいます）。

自然であるということを追求していくならば……ぼうぼうののばし放題がいいんだろうけれど……。うーん。

とまあ、こんなふうにぐるぐると思考が止まらなくなって、まわりの友だちに質問したとて、「剃ればいいじゃん！」みたいにいわれるのが関の山、じゃあ、『マーマーマガジン』編集部にお便りだしてみましょ、となるのだと思うのですが、正直、わたしは何だっていいと思っています。

毛の問題って、やっぱり文化や環境の影響が大きいと思うし、自分が住んでいるカルチャーと調和的に行動するのもある意味で自然な行為だとも思います。

本気で自然、ということを考えるなら、自然に生えてきたものをむりやり抜いたり、剃ったり、一生生えないようにするのは、不自然というものだとも思います。ただ、その、リスクも重々承知の上、腋の毛はないほうが安心だわ、とか、足はつるんとしていたいとか、そういう願望があるならば、何も無理して、毛をのばすこともありますまい。毛については、生えているのが自然、という考え方よりも、今の自分のこころにしたがうのが自然、というふうに思っています。

おそらく、ですが、**脱毛のことを考えはじめて、「わたしはこうする」と迷いなく、思いと行動が一緒になることを「自然」と指す気がする**のですがいかがでしょうか？

そうそう、わたしは、眉毛がぼうぼうでのばしっぱなしなのをひそかに自慢に思っているのですけれど、若いころ、とてもすてきなかなり年上の見ず知らずの女性に、「アナタ、眉毛ぼうぼうで、かわいいわねー！」と賞賛されたことがあります。あのときのとてもうれしい気持ちは今でも忘れられません。

美の基準は、自分で確固としたスタイルを決めるのが潔《いさぎよ》いって話なのかも。いや、自然に還れば、自分がどうしたらいいのかも、必ずわかるようになります。自分のペースで、自分の中の「自然」に、どうぞ、そっと、尋ねてみてください。

月の満ち欠けのはなし

月の満ち欠けについて、意識する人が増えました。

満月や新月について、理解が深まり、その働きを生活の中に取り入れる人もいます。

新月から満月に向かうときは、何かをはじめるのに向いています。

満月から新月に向かうときには、何かを削いでいくのに向いています。

月の満ち欠けに合わせて（月の変化と同じように）何かを行うようにします。それがとても自然だからです。

わたしはもうひとつ、女性はこれに加えて、高温期と低温期のサイクルを知っていると便利だと思います。

高温期は、排卵日（生理1日目から約14日後／人によって異なる）から生理まで。
低温期は、生理のスタートから、排卵日まで。

高温期の特徴は……低温期に比べ、0・3〜0・4度ほど体温が上がっていきます。それとともに精神的に不安定になったり、頭痛や便秘などのPMS症状が出やすくなります。

低温期の特徴は……体温が再び下がり、こころもからだも好調なとき。前向きな気持ちで過ごすことができます。

（ただし、個人差がありますので、こういった傾向や症状があまり表れない方もいます）

なお、古代の女性たちは、満月の日に一気に生理になっていたという説があると聞いたことがあります。今でも、自然に合う生活をしていると、満月の日に生理がぴったりくるようになる場合もあるようです。

今でも、昔ながらの方法を加味した農法では、月の満ち欠けを、農業に活かしているものもあります。

神経質になったり、ネガティブに使ったりするのは、意味のないことですが、自分を冷静に観察したり、自分を受け容れたりするのに役立てるのは、とてもよい方法だと思います。

月の満ち欠けカレンダーを入手したり、ネットで調べたりするのも手です。もちろん、ただ空を見上げるという方法もありますし、自然に沿う生活をしていると、「今日は満月っぽいな」とか、「新月なのね」と、わかるようにもなります。

人間も大自然の、いや、大宇宙の一部であることの証明です。

ヒント

近年、旧暦など古い暦に注目が集まっています。多種多様な、本来の自然や宇宙の動きに沿う暦があります。月の動きと共にぜひ日々の生活に取り入れてみてください

年齢を重ねるということは——魅力的なおばあちゃんになる

年齢を重ねるということは、すばらしい体験です。
年齢を重ねることに抵抗感のない人の特徴は、

◎今を生きている
◎精一杯やっている
◎努力している
◎自分がやりたいこと、やれないこと、できること、できないことの折り合いがついている
◎現代社会の情報に頭をおかされすぎていない
◎情報よりも知恵を大事にしている
◎自然とつながる生き方をしている

◎自分の中に、どう生きたいかの軸がある
◎生や死について、向き合った機会がある。または調べたり、そういったことに関する本*などを読んだことがある
◎目に見えるものだけでなくて、目に見えないものに対しても信頼している
◎本質的なうつくしさということに目を向けている
◎年齢を重ねたすばらしい人物との出合いを経験している
◎根本的に、精神が成熟している

逆に、加齢に対して抵抗感があったり、過剰に「反応」してしまう人は、上記について、点検してみるのもよいかもしれません。

草木が育っていくときに、「あらやだ、年をとりたくないわー」と葉っぱや花は思いませんよね？　粛々と、その変化を受け容れていくだけだと思います。それが自然というものです。

必ずややってくるものに抗ったり、さからったり、拒否したりすることに時間をさ

くのはやめましょう。それよりも、それらをどちらかといえば積極的に受け容れて、加齢を自ら愛し、その年齢に合う行動をするようにします。

とくに年齢を重ねて、老年期になったとき、えも言われぬ知恵をもち、それらをまわりの人や世の中のために役立てられたなら、どんなにかすてきだと思いませんか？しかもそれが、年齢を重ねた長老に求められる資質です。

こういった、老年期ならではの美徳は、性別も生育歴も学歴も職歴も何も関係ありません。結婚や出産を経験していようがしていまいが、お金持ちだろうが貧乏だろうがかわりありません。だって、自分の生きてきた人生の経験、その蓄積が知恵に変容するのです！

そのときを、厳《おごそ》かに待ちたいし、そこから逆算していけば、今、何をしたらいいかが、今よりももっと明確になるはずです。

●参考図書
ブライアン・L・ワイス博士の『前世療法』シリーズ（PHP文庫）など、『「臨死体験」が教えてくれた宇宙の仕組み』（木内鶴彦＝著　晋遊舎＝刊）、『喜びから人生を生きる！——臨死体験が教えてくれたこと』（アニータ・ムアジャーニ＝著　奥野節子＝訳　ナチュラルスピリット＝刊）、池川明さんの本もおすすめです

第4章

友だちや恋人という自然

友だちがほしいなら

誰かとの間に芽生える友情も、土に種がまかれて、草木が育つことと似ています。ある瞬間に、木が大きくなっているということはなく、少しずつ少しずつ、育ち、育てていくものです。


友だちは、自分がたのしんだり、熱中する対象があるときにできます。

友だちは、定期的に行く場所でできます。

友だちは、困っているときに助け合うことでうまれることもあります。

友だちは、自分があたらしい自分になろうとしているとき、何かあたらしいことにとりくみはじめると、できます。


友情は、常に変容します。親密なときも、少し離れることもあります。強い影響力をもつこともあれば、そうでもないときもあります。友情に賞味期限がおとずれる場合もあります。人はそれぞれの速度で変化し、それぞれの人生を生きているからです。友情が終わったからといってなげいたり、悲しむことはありません。

大切なのは、どんなときも、「あげるもの」と「もらうもの」（多くの場合は物質ではありませんが）の交換と循環がうまくいっていること。相手の気持ちを尊重すること、共感することも重要です。

なお、友だちは、数ではありません。たくさんいてもいいし、いなくたっていいのです。また、これもとても重要なことですが、**わたしたちは、動物や自然（木や花など）とも友だちになることができます。**

友情は、自分を勇気づけ、元気づけ、フレッシュな気持ちを呼び起こし、自分をより好きになるきっかけとなります。人生に彩りが生まれ、たのしいこと、おもしろいこと、うつくしいことを知る大きな機会となります。友情は、どんなときも自分に味方し、土足で自分のエリアにあがってくることはありません。

どちらもが、相手よりちょっぴり自分のほうが「あげよう」と思う気持ちをたくさんもっていると、より新鮮な循環が続くでしょう。まずは、あなたから、はじめてください。

いつも正直に話す

どんなときも、自分自身に正直でいましょう！

自分の本心が自分でわからないことは、往々にしてあるものです。いつでも、自分の本心に気づけるような自分でいるようにします。そして、その本心に従うように生きます。


まずは、自分の思っていることといっていることが合うようにすることです。罪悪感、虚栄心、怒り、悲しみ、恐怖心、無価値感といったものをベースに話す癖をひとつずつやめることも大切です。

もちろん、そういった感情を表現してはいけないということではありません。出してきた感情を否定せず、ただ観察し共感します。ただし、怖れからの発言ばかりし続けていると、本心から遠ざかってしまいます。

相手を傷つけるようなことをわざわざいう必要はありません。でも、自分の本心にしたがって正直にものをいうときには、まわりの人を本来は傷つけるものではないということを知っておきましょう。まわりの人を傷つけずに本心をいうことは必ずできます。過度にまわりの人が傷つく場合は、あなたが本心にしたがっていないか、もしくは、伝え方が成熟していない可能性があります。

自分の思っていることを、過不足なく伝えることができる、というのは、自分自身の成熟と深く関わっています。

そしてそれは、自分に正直である、という態度と直結しています。

自分と自分の本心に対して尊敬をもって接すると、まわりの人々に対して尊敬の念をもって接することができます。

自分くらいは、自分にうそをつかないでいたいものです。

失礼なことをいわれたら

もしも失礼なことをいわれたら、直接いわれたのであれば、「わたしは〇〇と感じました」というふうに、落ち着いて、自分の気持ちをいいます。* その場ですぐにいうのがよい場合もあるし、よくよく考えてからいったほうがいい場合もあります。

よくよく考えてからいったほうがいい場合の中には、結局、いわなくてもよかったということもおおいに含まれているでしょう。わたしの知人に、はらの立つようなことがあったら、最低4時間は置いておく、という人がいます。ひと晩置くよ、という人もいます。

でも、そんなに時間を置いてばかりもいられないケースもありますよね。そういう場合は、「わたしは〜」と、わたしを主語にしていうとよいでしょう。自分の気持ちを、声を荒らげず、落ち着いていう、ということについては、まだまだ現代人は、訓練が足らないように思います。練習だと思って、挑戦してみてください。

また、失礼なことをいわれた、ということが、自分が別の場所で同じような失礼をしたことの、カルマ返し、ふりかえり、ということも可能性があります。その場合は、失礼なことをいわれたことで、御破算《ごはさん》です。お風呂で出るおならのようなもので、「出たらおしまい」。そう思ってそのままにしておきます。

さらには、一見「失礼なことをいわれた!」と思っても、それが、**実は、自分のこころの声だった**、ということもあります。実は、それがいちばん多いかもしれません。罪悪感をもっていたり、恐怖心があったりすると、潜在意識に入ってしまっている、自分を卑下したり、おとしめたりするようなことばを、相手を通して聴くということもあります。

また、成熟度をチェックするための「お試し」、という場合もありそうです。

どうぞ、落ち着いて点検してください。

いずれにせよ、とてもすばらしい、こころの掃除のチャンスです。

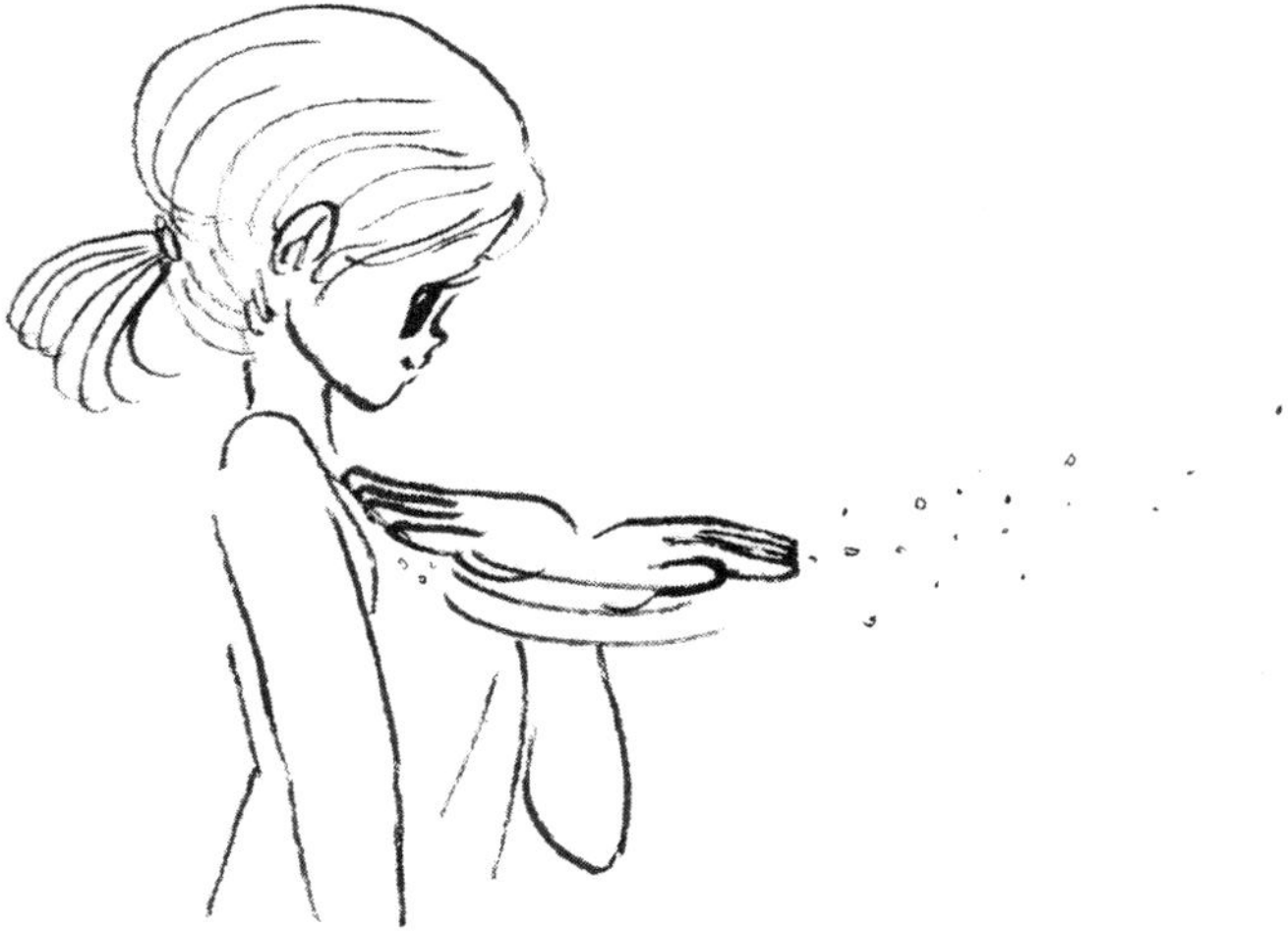

ヒント

＊「わたしは○○と感じました」～

「わたしは、そんなふうにいわれてとても悲しいです」「わたしはそういわれて、とても不快な気持ちになりました」など。「わたしは」と、「わたし」を主語にしていうことがたいせつです。落ちついた声で、堂々ということも重要です

NEW 携帯電話、SNSについて

この本を書いた2014年以降、携帯電話やSNSの状況は日々刻々と変化しています。

わたし自身、スマホをやめたあとPHSをもっていましたが、PHSも辞めてしまいました。ある編集者さんから、「服部さんは、もうそのステージに行ったんですよ。作家さんはもたなくても大丈夫。でも、そうでない人間はなかなか難しいです」といわれました。でも、わたしが知る人で、作家などの仕事をしていない人でもスマホをもっていない人もいます。ただ、ごく少数派であることも事実です。わたしがスマホをもたなくていい環境にあることも重々理解した上で、この件について考えてみたいと思います。

携帯電話やパソコンのブルーライトは、目や首に大きな負担があるばかりでなく、不眠、また不妊の原因にもなるといわれています。何より、知らず知らずの間にスマホ（またはSNS、ネット）依存症（中毒）になっているケースもとても多いようです。とはいえ、すでに生活にすっかり入ってしまっているものを、完全に排除することもできません。さて、どうしたらいいでしょうか？

これは、携帯電話やパソコン、あるいはインターネットとのつきあいかた以外にもいえることですが、自分自身にどういう性質があるかを自分でよく知ること、さらには自分が何のために、何を目的に、その道具を使うのか明確にしてみてはどうでしょうか。

わたしの場合は、ですが、スマホをもっていたらスマホを見ている時間が圧倒的に長くなることが容易に予想できました。あっという間に依存症になってしまうタイプなのです。現在でも、パソコンを見ている時間は長く、ひょっとするとすでに依存症の域に入っている可能性も充分あります。

また、何より、自分の時間を何に使いたいかがいつも明らかになっているため、優先順位がはっきりしています。わたしの場合は、本を書いたり、本をつくったりすることが優先順位の一番で、そこに向かって生活を組み立てています。そうなると、SNSとどうつきあうか、どれくらいの質量行うのかがはっきりしてきます。

自分はどういう暮らしをしたいのか。どういう自分でいたいのか。そこを明確にすると、携帯やインターネットとどうつきあいたいかも明確になるはずです。

わたし自身は携帯をもっていないとつながれない相手ではなくて、そういったものがなくてもつながることができる人間関係を最優先することにしました。友人知人に深い信頼をもつことにしたのです。連絡がとれる・とれないも、宇宙タイミング[*1]にまかせることにしました。これで現在のところ、困っていることはありません。大げさかもしれないですが、携帯にとられない時間を、自分のやりたいことに使うことで、誰かや社会のためになっているといいなと思っています。また、第六感的なものも、できればいつも冴え渡らせておきたい感性で、そのためにやめているという側面もあります。

もちろん、その中には、ただぼーっとする時間も含まれていて……時間を無駄にしない！　と決めているのではなくて、自分軸[*2]で時間をできるかぎり使いたいのです。そうでなくても、田舎暮らしをしていると、突然誰かが訪ねてきたり、道ですれ違った人と長話になったりします。これ以上、誰かから突然電話がかかってきたりするのは、自分としてはキャパオーバーなのです。電話で話すときも、（特に打ち合わせなどの込み入った話の際は）メールでいつ電話で話そうとお互いに連絡を取り合って、ゆったりとした時間を設けて電話をすることが多いです。

ただ、少し前からパソコンを使ってインスタグラムをはじめたのですが、パソコンで行うのがなかなか大変で、スマホをいよいよ使おうかなと思っています。ただし、もしインスタグラムのためにスマホをはじめるとしたら、インスタグラムをどうして使うのか、どういう目的があるのか、そういったことを明確にしてからスタートするつもりです。何より、スマホで気軽に写真や動画を撮影したいのですが、それでもまだ躊躇している自分がいます。

ヒント

＊１　宇宙タイミング　宇宙ＬＯＶＥアーティストとして、宇宙マッサージなどの活動をされている白井剛史さん（プリミ恥部さん）に教わったことばです

＊２　田舎暮らしをしていると　２０１５年春に、東京から岐阜のちいさな山あいの町に引っ越しました

この原稿を書いたあと、数年ぶりにスマホをもちました。便利ですね！　ただ、思ったほど使わないいなという印象です。数年やめていたこととも関係があるかもしれません。

メールと携帯、目覚めて使う

メールって、「その人」自身が出るツールだなとつくづく思います。

いってみれば、手紙と同じですものね。

でも、デジタルならではの、その人の息づかいみたいなものが、伝わるツールだと感じています。

いろいろな好みがあると思いますが、わたしが特に仕事上で個人的に気をつけたり、工夫したりしているのは、こんなことです。

■やるようにしていること

◎タイトルだけで、内容ができるだけわかるようにする

◎思わずあけたくなるようなタイトルにする

◎はじめてメールする際は、タイトルに、相手の名前を入れる
EX「筑摩房子さま、先日はありがとうございました」
◎メールの本文には、必ず相手の名前を入れる
（はじめての場合は、会社名や部署名を入れて、フルネームで）
◎なるべく短く書く
◎なるべく話しているように、臨場感を入れながら書く
◎できるだけユーモアを入れる
◎自分らしく書く（誰かが書いたように書かない）
◎最後に自分の名前と連絡先を入れる
◎自分の名前の前にひとこと添える（感謝の気持ちを込めて、など、手紙で書くようなことをつけ加える）
◎自分が返信する時間を設定する（早朝ないしは、夕方に時間を決めて行う）

■やらないようにしていること

◎わかりづらいタイトルをつける

◎本文の最初に相手の名前がない。さらには、それなのに、自分の名前だけ入っている（チャットのように、短時間で連続してやりとりをする際には該当しません）
◎極めて重要なことは書かない（直接話すようにする）
◎ネガティブな内容のことも書かない（直接話すようにする）

なお、わたしは、あるとき、スマホを充分使いこなせない（自分には合っていない）ことに気づき、使用をやめていた時期があります。[*1] 携帯メールもやめました。パソコンのメールもきりがないとようやく悟って、日が出ているときにしかやりとりをしないと決めました。夜、パソコンを見るのをやめたのです。

こういう生活になってよかったことには、こんなことがあります。

■よかったこと

◎外で待ち合わせをする際、双方が遅れることがなくなった
◎予定の変更がなくなった

◎食事中などに、画面を見る自分がいなくなった
◎携帯メールをチェックする自分がいなくなった
◎パソコンへの依存に気づいた
◎夜、ブルーライトを見なくなって、早く眠れるようになった
◎パソコンをやっていた時間に、読書、楽器の練習、家事、家族と団欒を、するようになった

つまるところ、以前よりもゆったりとした時間ができて、人生全体をのんびりと捉えられるようになった、と感じています。

自分がひとり暮らしだったら、つい見ているかもしれないな、と想像もしますが、[*2]それでも、パソコンや携帯画面を見ない夜を過ごしている人のほうが、なんだか優雅そうで、エレガントな感じがするのは気のせいでしょうか?

ある80歳を超える作家さんは、仕事は今でもFAXと電話だけを使っているとおっしゃっていました。メールを使うのは海外とのやりとりだけ、なのだそうです。つま

るところ、パソコンのメールのいちばん潔い使い方は、「どうしても」という必然のものだけに使う、ということだと思っています。

ヒント

＊1　スマホを〜　その後くわしくは148ページへ。PHS（Y!mobile＝元ウィルコム）を使用したのちに2017年、携帯電話じたいをもつのをやめました。その後2019年、iPhone生活、復活しています

＊2　自分がひとり暮らし〜　なお、わたしもひとり暮らしだったら、今よりも、携帯やパソコンでネットを見ているかな、と思いますが、でも、自分なりのルールづくりはできると思います。たとえば、わたしの知人の女性（30歳代後半）は、ひとり暮らしですが、テレビもパソコンも家にはないそうです（家ではラジオを聴いているそうです）。また別のひとり暮らしの男性（30歳代前半）も、家にあったパソコンは処分し、週に1回、ネットカフェへいってメールをチェックしたりブログをアップしたりしているそうです。携帯電話もやめて、NTTの黒電話にしたそうです

NEW あたらしい世代を育てるときに

誰かを育てるとき、とくにあたらしい若い世代を育てる際に、とても大切なのが観察する力だと感じています。その人物の個性をよく感じる。そして、よく見守る。熱心な興味を注ぐ。的確に感じ取る。

先にこちらに確固たる答えをもたずに、まずこちらの状態をまっさらにして、相手を知ろうとすることがとても大切かなと感じています。どんな感じなんだろうと、全身で感じるようにします。

相手に直接何かを指示する場合は、その人の芯の部分に届くように、（どんなに相手が低年齢であれ）尊敬の気持ちをもって、ていねいに、かつ簡潔に伝えます。的確さも重要です。またそれと同じくらい大切にしているのは、その場の環境から学べるようにすることです。やさしい人になってほしいと思うのならば、やさしい場づくりをする。もちろん自分もやさしい態度でいる必要があります。清潔でいてほしいと思うならば、その環境を清潔にします。

自分はその相手に対して、どんなふうになってほしいのか、どんな価値をわたせるのかということをこころのなかで、明確にしておくことも大切です。そして観察しながら、またその目的も柔軟に変更していきます。

人が育っていくのにも、土に種をまいたあとに、芽が出て、茎や葉が育ち、花が咲き、実がなるのにはしかるべき時間がかかるように、その人それぞれの必要な時間がかかります。どんな場合も、表面だけみて気安くジャッジせず、忍耐強く待つということも大切です。

褒めるときは人前で、注意するときは1対1で、というのも個人的に気をつけています。どんなちいさな魂でさえ、恥をかかせるということはしないようにします。もちろんこの場合も的確さが重要です。くどくど的外れなことをいい続けたら、どんどんこちらの話を聞かなくなってしまうでしょう。結果、本当に重要なことを伝えたいときに、聞いてもらえないという非常に残念なことが起こってしまいます。日頃から、信頼関係を築けているかどうかが重要です。

「自分の若いころはこうだった」とか、「〜するべきだ」といった昔ながらの考えは、あたらしい世代にはまったく通用しないと思ったほうがよいでしょう。若い世代の人たち、子どもたちは、非常にあたらしい感性をもっており、実に調和的で平和的な個性の持ち主が多い印象です。やさしく、やわらかく、あたたかなやりとりが好きな人も多いです。そういった個性に導かれて、この世界も、どんどん愛に溢れた調和的な世界に変容していくに違いありません。

あたらしい世代のありようが、どんどんこれまでの固定概念を壊し、より高い意識の世界をつくっていくにちがいないと感じています。先に生まれた者たちは、これまでのやりかたを押し付けるのではなく、新世代の感性をよく感じ取り、見守って、後ろから応援し続けることくらいしかできることはないのかも。何よりいちばんうつくしいのは、こちらの背中を見て、場合によっては反面教師となり、勝手に学んでもらうことです。自分自身のもっているものしか出せないと腹をくくって、愛から接することしか、つまるところ、できることはないのかもしれません。

いずれにしても、誰かを育てる行為も、植物を育てる場合ととても似ていると思います。植物になぞらえるならば、土づくり（環境づくり）をしっかりして、よく見守る。わたしならば、肥料や農薬をあげない。水やりや、間引きなどのタイミングを大切にする。あとはただ信頼して待つ。

育てることに自信がなくなったときには、自分自身が「自然不足」している可能性もあります。自然からたくさんのエネルギーをもらって、おおいなる動きに身を委ねる時間が必要というサインかもしれません。地球や自然には元から「育む」というエネルギーがあふれています。このエネルギーに、育てる側がしっかりふれ続けていることが何より大切なことかもしれません。

性行為のこと——自分の性行為を笑うな

性行為は、人が好きどうしになったら行われる自然なものです。

性行為に対して、ネガティブなイメージや、罪悪感をもったりする必要はありません。

本来の性行為は、肉体どうしで結びつきながら、たましいどうしのつながりを呼び起こすものです。とても霊的な、目に見えないつながりを、確信する聖なる行為です。だからといって、性行為を特別視することもありません。逆に、気軽すぎるのも不自然です。

また、年齢、内容、回数についても、完全に個々に関わることで、誰かと比べるものでは決してありません。

性行為に拒否感をもったり、やる気がない場合も、自分や相手を責めるのはやめましょう。そこには、自分と相手という関係以外の問題が潜んでいる可能性があります。そのひっかかりが溶けてしまわない限り、自分が望むような性行為ははじまらないかもしれません。

（カップルの場合、お互いが性行為なしでもよい状態であれば、それは「性行為問題」ではありません。どちらかが「足りない」と思っている場合には、なんらかの解決の道に進むのがのぞましいでしょう）

相手が性行為を望まない、という点で悩んでいたら、まずは、自分自身が変わりましょう。相手を責めるのではなく、自分自身が、大らかになり、より自然に近づき、魅力的な存在になるのです。性行為について考える前に、まず、先に、自分にエネルギーを蓄えるのです。

人は、しかるべき状態にエネルギーが蓄えられて、自然なからだとこころに戻っていくと、ごく自然に本来からだに備わっているセクシーさが発露されます。これは、どんな人の場合もそうです。美しく着飾ったり、お化粧をしたり、香りをつけたりする行為だけが、セクシーさにつながるわけではありません。自分の中に眠るセクシーさを、自然とつながることで取り戻します。イメージは、相手が思わず、膝枕をしたくなるような自分、です。そういう自分になっていき、時を待ち、待っても待っても、それでもうまくいかないようであれば、そのときにまた、対策を考えます。[*1] それまでは、ただ、自分自身を大らかに磨く、そういう期間とします。

自分がしたくない場合は、まず、何より、自分を責めないことが大切です。自分がしたくない、という現状は事実なのですから、まず、その事実を受け容れましょう。自分が自分のことを受け容れてあげなくては、自分の中に眠る本来の自分がかわいそうです。

その上で、自分の中を点検します。純粋にからだが疲れていないか？　こころがエネルギー不足になっていないか？　過去に傷ついた経験はないか？　同性の親との関係は？　異性の親との関係は？　などなど。「ひっかかり」を見つけて、それらを、ひとつひとつ、手放す機会とします。[*2] その上でもまだ性行為をしたくないならば、パートナーとよく話し合いをして、深い部分まで理解につとめてもらうようにします。自分の要望を押しつけることなく、相手と調和的に話し合う機会をもちましょう。

なお、性行為といっても、いわゆる性行為だけが性行為なのではありません。からだとからだの少しのふれあい、目と目が合うこと、やさしい気持ちでほほえみ合うことだって、ある意味では性行為の一部です。

一緒に音楽を奏でたり、スポーツをしたり、ダンスをおどったり、ひとつのものに取り組んだりすることだって、性行為のようなものです。

いずれにせよ、性行為のことで悩んでいる、ということの多くは、「自然不足」が潜んでいます。大自然に触れて、自然を自分の中に取り込んでください。野生に触れて、自分の中の野生がうつくしく発露すれば、性行為があろうがなかろうが、性行為のことでくよくよすることがなくなります。性行為じたいがなくたって、本人たちが問題でなければ何ひとつ問題ではないのです。

どんな場合も、自分からさしだすこと、あけわたすこと、受け容れる自分になることが大切です。いつも、ほしいほしいと要求して、相手を責める態度は、誰からも好かれる態度ではありません。

性行為のことに取り組むということは、自分のニーズや本心を知り、さらに相手に愛されるよりも前にまず自分のほうから愛する自分になる、そういうチャンスがきた、ということでもありそうです。

ヒント

＊1　それでもうまくいかない～　&＊2　「ひっかかり」を見つけて～　自分の中の見えない「ひっかかり」を探す方法は、たくさんあります。専門のカウンセリングや、さまざまなセラピー、ヒーリングが存在します。わたしが体験したことがあるものとしては、「インテグレイテッドヒーリング（IH）」＊や「前世療法」＊も、人によってはとても合うかもしれません。ご自分に合うものを探して、自分を受け容れて、愛する手助けとしてくださ い。性行為を起点として、自分のこころにある「ひっかかり」に気づき、それを解放することで得られる恩恵は、性の問題をはるかに凌駕《りょうが》するものかもしれません

＊「インテグレイテッドヒーリング（ＩＨ）」とは？

心理学、ＮＬＰ、キネシオロジーなどを組み合わせた、ヒーリング手法の一種。腕などの筋肉反射に潜在意識が現れるという考え方から、筋肉反射などをヒントに本質的な問

題を見つけ、解決へと導きます。創始者はイギリスのニック・オリバーとマチルダ・ヴァン・ダイク

＊「前世療法」とは？

催眠によって患者の記憶を出生以前まで退行させ、前世のイメージを見せることによって、心的外傷やストレスなどの症状の改善や緩和を図る催眠療法の一種。アメリカの精神科医ブライアン・L・ワイス博士による『前世療法』（ＰＨＰ文庫）などの著作で知られるようになった

●自己点検したり、自分を解放するような本を読むのもおすすめです。おすすめの本としては、『マーマーマガジン』17号　聖なる性の特集（エムエム・ブックス）、『性に秘められた超スピリチュアルパワー　幾千年のマインドコントロールを超えて』（夏目祭子＝著　徳間5次元文庫）、『官能とセクシャリティ［こころ・からだ・たましい］のレッスン』（リズ・ブルボー＝著　浅岡夢二＝訳　ハート出版＝刊）、『ガイアの法則Ⅱ』千賀一生＝著　ヒカルランド＝刊など

NEW

結婚・独身について

これから、いわゆる結婚という形態を選択しない人はますます増えるのではないでしょうか。結婚というかたちを取らなくても、充分生きていけるような世の中になってきているし、自立して、自分を大切にして生きる人は、パートナーがいてもいなくても、どちらでも自分で自分を幸福にできる、ということも関係しているかもしれません。家族のかたちも多様性をみせていきそうです。

女性には出産に適した年齢があり、出産や結婚を焦る人もいるかもしれません。でも、焦って、あるいは打算でパートナーをもったとしても、その関係性はいつかは終了します。それよりは、納得のいくパートナーと出合うまで、年齢を気にせず、じっくり待つというのもひとつの生き方です。

それでも、やっぱりパートナーがほしい、家族がほしい、と思って相手探しをするのも決して恥ずかしいことや悪いことでもありません。わたしは、人って誰もが恋愛という形態が得意なわけではないと思います。不得意な人は、お見合いという方法を積極的にとるといいと思います。出合うという点で、お見合いをどうしてもロマンティックでないなどと考える人もいるかもしれませんが、「出合う」という点では、恋愛でもお見合いでも、出合いは出合いです。また結婚というシステムに、お見合いという方法はとても合理的だとも感じます。

パートナー探しの動きをはじめるときも、誰かと自分を比べたり、社会通念などに惑わされず、自分の中の声に素直に従うのがもっとも確かな方法です。自分自身の衝動や感覚を信じて、パートナー探しをしてください。

お見合いや紹介などの方法以外で、相手を見つけたいならば、習いごとをしたり、日常的に何度も相手と会うような場面に出向く必要があります。誰かに紹介してもらうというのもとてもよい手でしょう。いずれにしても家の中に閉じこもっていてもパートナーはなかなかあらわれません。インターネットを通じて出合うということはあるかもしれませんが……いずれにしても、自分自身の人生を充分に味わい、たのしんでいることもとても大切かなと感じます。

パートナー探しをするときのポイントは、直感を大事にすることと、ちいさな違和感を見逃さないことです。パートナーがほしいと思っているときは、そのことに夢中で、「おかしいな」と感じても目をつぶってしまうことが往々にしてあるようです。でも、小さな違和感は、あるサインです。うやむやにせず、勇気をもって向き合うことをおすすめします。

またいったんパートナーシップがスタートしたら、片目はつぶることが大切です。他人と人生を共にするというのは、なにもかも思い通りにはならない、お互いの違いを許しあう、与え・与え合うということの学びの場にほかなりません。

草木に水をやらないと枯れるように、パートナーシップも日々のちいさな愛情を重ねていかないと、静かに枯れていきます。ほんのちいさなこころ配り、愛情の表現、感謝や祝福の気持ちを持ち続けることが、パートナーとのエネルギーのすばらしい循環を促します。一方で、与えすぎ、かまいすぎ、関わりすぎなど、バランスを崩したり、境界線を越えたりすると、あっという間に不調和や共依存関係が生まれます。どんな場合も自分自身でいることが大切です。

また家庭とは非常に密室の場であり、心身を傷つける可能性に満ちているとも感じます。もちろん、想像を超える魂の学びができる場でもあります。それが、いわゆる結婚や血縁の関係であってもいいし、なくてもいい。そんなふうに自由なかたちになっていきそうだなと思います。

聖書（コリント人への第一の手紙7章）にも、ひとり身でいられるならそれがもっとも望ましいと書いてありますが、本質的に自立した精神をもち、自分の中の自然に目覚めて生きるならば、あたりまえのことですが堂々と単身でいることもすばらしいことです。実際、日本でもっとも多い世帯の種類は、ひとり世帯です。ひとりで暮らしている人がとても多いのが現実なのです。何より、それが自然なかたちかもしれないなとわたし自身よく感じます。ひとりでも、充分たのしく、豊かに暮らせます。その中で自分を助けてくれる人、支えてくれるタイミングも自然に訪れるはずです。

自然というのは、本来、そういう摂理で成り立っているもの。またあたらしい時代には、あたらしい家族やコミュニティの成り立ちかたも生まれてきそうです。自分自身に合う暮らし方を素直に見つけていけたらすてきです。

ヒント

家庭生活を送ろうとする人によくおすすめする本が、『人を動かす』（デール・カーネギー＝著　創元社＝刊）の付録・七原則です（文庫には入っていません。単行本に入っています）。誰かと暮らしはじめるときに、ぜひ読んでみてください。

◇付　幸福な家庭をつくる七原則

1　口やかましく言わない
2　長所を認める
3　あら探しをしない
4　ほめる
5　ささやかな心尽くしを怠らない
6　礼儀を守る
7　正しい性の知識を持つ

子どもをうむということについて

子どもをうむ／うまないということについては、シンプルに考えます。

女性と男性が知り合って、好き同士で、一緒になったら、子どもがうまれる。これが、もっともシンプルな、子どもがうまれる、ということの真実です。

究極的に、子どもをうみたい人はうむし、うみたくない人はうまないのです。社会制度のせいにしたり、環境のせいにしたり、からだのせいにしたり、外側にはさまざまな状況があっても、人はうみたいと思ったらうむし、うみたくないとこころの奥底で思っていれば、口でなんといっていても頭でどう考えていても、うまないのです。

ほしいのにさずからないというケースもありますが、この場合はそのことに、なんらかの理由がありそうです。本心に、妊娠や出産が怖いという気持ちがあるのかもしれません。自分の中の子どもが傷ついたまま、なのかもしれません。願いが叶わないということを体験する必要があるのかもしれません。今生《こんじょう》では、育児以外に、自分がもっと関わるべきことがあるのかもしれませんし、自分の子ども以外の子どもと関わる人生を選びなさいということかもしれません。いずれにせよすべて起こることは必然です。

子どもをうんだはいいが、かわいくない、子育てがつらい、子育てがうまくいかない……というケースもあります。その場合はただちにまわりに**SOSを発してください**。まずすぐに困っていることを誰かに表明することが大切です。決して無理をせず、自分ひとりで抱えないでください。弱音を吐くことを自分に許し、いよいよ自分の隠された結び目、不要な思い込み、傷に気づき、共感し、手放すチャンスと捉えてください。

子どもをうまない女性にも、子どもをうむ女性にも、まったく同等の視線が必要です。子どもをうむからいい／悪いということではないし、比べる対象ですらありません。人生は、ひとりひとり、完全に違うもので、どの人にも、もれなく役割があり、すべての人生それぞれに意味があり、すばらしいことはまちがいありません。

いずれ子どもをうみたいと思っている女性は、今すぐに（妊娠と出産が、たとえ20年後であろうと）、からだづくりをはじめてください。おかあさんのからだやこころが整っていれば、それだけ、すばらしい妊娠と出産を体験できるはずです。もし子どもを授からなくても、そうして整えた心身は、自分やまわりの人々に対してたくさんの恩恵をもたらすでしょう。

また高齢出産を心配している人は、一切の心配をこころから取り除きましょう。不安になったり、心配になったりする情報を取り入れるのはやめます。それよりも、成功した例を取り入れるようにします。わたしが知っているケースで最高齢の出産年齢は、52歳です。初産で、自然妊娠です。冷えとり健康法をしていて自然妊娠した人には、46歳の人もいると聞いたことがあります。いずれも、しかるべき、自然の暮らしかたをしていれば、いちばんよいタイミングで、妊娠し、出産することができるというい例です。

年齢が高くなるのが心配だ、という理由から、好きでもない人と一緒になって焦って子づくりするくらい、ばかばかしいことはありません。それよりも、とにかく目の前のことに取り組んだほうが……元気な子どもをうめるようなからだとこころをつくっていったほうが、くり返しになりますが、もし子どもをうまなかったとしても、将来の自分のためにもよいと思います。

子どもをうまない女性については、わたしはある年齢がきたら、何かを育む、育てる、伝えるということをはじめるといいのではないかと思っています。動物でもいいし、若い人材育成でもいい。自分よりも若くて、ちいさな何かを育むのです。一人前の大人に成熟して、心身が健康であるのに自分のことだけをしている、というのも、自然に逆らっているような気がします。

いずれにせよ、誰かのためになることを、ある年齢に達したらはじめることは、子どもがいる／いないにかかわらず、とても重要なことだし、めぐりめぐって、自分や社会や自然のためにもなるはずです。

カップルの片方だけが子どもを望む場合

カップルのうち、片方が子どもがほしくて、片方が子どもを望んでいない場合は、よく話し合う必要があるでしょう。

話し合いは、いい加減な場面で、いい加減に行わず、ふたりがリラックスして話せるタイミングで、時間をとって、落ち着いて話し合うようにします。

こういった話し合いがもししづらい関係なのであれば、本人同士は、「うまくいっている」と思っているかもしれませんが、夫婦として、何かまだ解放できる「問題」がひそんでいる可能性があります。その部分に向き合う勇気をもってください。子どもについて話し合うことが、よい機会になるかもしれません。

夫婦にとってとても重要なことを話し合えないというのは、例外もあるかもしれませんが、それに気づいた時点で、まず、自分自身が変わるチャンスと考えられるでしょう。いずれにしても未来は納得がいくまで、話し合いをすることが重要です。お互いがお互いの気持ちを理解し、自分たちの関係を優先するのか、それとも、子どもがほしい、子どもがほしくないという気持ちを優先するのかを決める必要があると思います。自分の人生にとって何が大切なのかを見極め、それをパートナーに、正直に伝えてください。

いずれにせよ、どちらの意見がいい／悪いということはありません。お互いの違いを理解し、認めて、そうして尊重し合うこと、そして、お互いの暮らしについて、コンセンサスをとることが重要です。

その上で、ですが、表面上にあらわれていること、本人たちが発言していることが、現実とは限りません。「子どもはほしくない」といっている人が、実際子どもが生まれたとたん、やたらとかわいがったり、「子どもがほしい」という人が、こころの奥底で、なんらかの抵抗（恐怖感など）を感じている可能性もあります。つまり、子どもがほしいという人のこころの声が、パートナーの「子どもがほしくない」という発言となって現れている場合もある、ということです。

子どもがほしいと思っている人は、もっと頭で考えず、からだで考えるような習慣を、身につけていきましょう。なぜ、(子どもがほしくないという)相手との間に、葛藤が生まれるのか、見つめてみます。自分自身の奥底にある何かに対する恐怖心や罪悪感が、逆に「子どもがほしい」と思わせているのかもしれませんし、「社会的に、生物学的に、夫婦になったら子どもをつくるもの」という思い込みに左右されているのかもしれません。

現代社会は、「自然」から遠く離れ、わたしたち自身も「自然」から離れた生活を送っています。「自然」の中で暮らしていれば、その人にとっての「自然」なことがただ起こるだけですが、そうでない生活の中で、特にこじれてしまっているのが、(つがいになるという意味での)ことに結婚や妊娠・出産にまつわる問題かなと感じています。「自然」に還れば、子どもが生まれるのも、子どもをもたないのも、すべてが「自然」だと受け容れられるはずです。繰り返しになりますが、どういう境遇、状況であれ、人にはそれぞれ、役割とその人の人生、世界がある。そのことを、ぜひ思い出してください。

NEW

人間関係で悩んだら

人のストレスや悩みはおおむね人間関係に関することのようです。

人間関係で悩んだら、まず立ち止まって、目の前のことが何を表しているかをよく観察します。最初のうちはショックだったり、怒りや悲しみが湧いたりしてそれどころではないかもしれません。感情をまずは味わって、場合によってはしかるべき表現をし、その上で、この事態をよく観察する時間をもつようにします。

これまで何度も同じようなパターンを繰り返していないか。このできごとが自分にもたらしているメッセージは何なのか。相手にいいたいことは、実は自分にいうべきことなのではないか。相手は自分の中の何を表しているのだろうか。こんなことを、いろいろなパターンを考えながら感じる時間をもつようにします。

この「問題」の種は、自分の外側にあるように感じられるかもしれませんが、例えば、何か腹の立つことが外側で起こった場合、実は、怒りがもともと自分の中にあってそれが外側に反映しただけということもよくあるケースです。特に、自分のちいさなところに封印した未消化な感情に起因しているケースもあります。もし、観察し続けて、あのときの怒りが封印されたままだった、とか、何か腑に落ちるメッセージを受け取れたら最高です。その時点で、目の前の人間関係は問題ではなくなるかもしれないし、なんらかの解決が自然に行われるかもしれません。

またいつまでも解決しない時は、場合によっては、その場を静かに離れるということが必要かもしれません。人間関係も、お互いの周波数が変われば、自然と一緒にいられなくなるものです。関係性に執着せず、自分の居心地のよい関係性や環境のほうをたいせつにすることを自分で許可してください。そのことが、相手にとっても最善の結果を生むはずです（たとえ、最初、なんらかの抵抗があったとしても）。

時には、自分が思っていることをはっきりと相手に伝えるということが必要な場合もあるでしょう。そのとき、決して相手を主語にして、相手を責めるのではなく、I（アイ）メッセージで、「わたしはこう感じている」ということを、丁寧に、簡潔に伝えます。相手を変えようなどとせず、「自分が相手に思っていることをいう」ということを大切に考えます。

どんな場合でも、人間関係は変化していっていいと踏まえて、自分が居心地よくいられる場を選択するようにしてみてください。

自分自身がリラックスして心地良く幸福であることが、本質的に、まわりの人の幸福や人間関係の調和につながっていくはずです。

第5章
暮らしのなかの自然

食べるときの、ちいさくて大きな法則

食べるときに大切なことはあまり多くはありません。

◎小食にする（食べ過ぎない）
◎よく嚙む
◎たのしい気持ちで感謝して食べる

むずかしいことはさておき、これを続けるだけでも、一生の健康に、とてもよい影響があるはずです。

ヒント
もしも、これに何かひとつつけ加えるとすれば、

◎自分に合うものを食べる

というものです。もう少しいえば、

◎その時々の自分のからだに合うものを食べる

ということです。ただし、自分自身のこころ、感性、意識が曇っている場合、「本来の自分」ではなく、「曇った状態の自分」が食べたいものを食べる、ということになってしまい、どんどん、「からだに合うもの」から遠ざかるという結果になってしまいます。「自分に合うものを食べる」場合に、自分に合うものを選べるようなからだづくりをまずした上で、その後に、からだの声に従うようにすることも、とても大切です

●食について、拙著『あたらしい食のABC』(WAVE出版=刊)もご覧ください

エネルギーの高いものを食べる

どこに住んでいようと、お金があろうとなかろうと、エネルギーの高いものを食べるようにしてみます。

エネルギーの高いもの

◎旬のもの
◎採れたてのもの
◎できるかぎり住んでいる土地の近くで採れたもの
◎できるかぎり自然に近いもの
（農薬や添加物、保存料が使用されていないもの／加工されていないもの）
◎つくった人の顔がわかるもの

◎自分のことを知っている人（家族、友人または自分など）がつくったもの
◎たのしい動機からつくられたもの
◎できたてのもの
◎おいしいもの
◎調和的でやさしい感じがするもの
◎自分が住んでいる場所で、昔から食べ続けられているもの

カロリーや、ビタミン、カルシウムという観点も大切ですが、そればかりにとらわれていると、ひょっとすると、部分的にしかものごとを捉えていない状態に陥るかもしれません。

また、

◎同じものばかり食べ続けない
◎「こうしなければならない」という思いに縛られて食べない
◎怒って食べない

ことも大切です。

ヒント

◎もしお金がない場合は、できるだけ、お米を炊くようにするとよいでしょう。さらに、お味噌汁をつくり、お漬けものをつけるか購入します。安いファストフードを食べるよりも、数倍安上がりでサステナブルな、エナジーフードになります

◎この考えのいくつかは、アーユルヴェーダで生命エネルギーを指す「オージャス」の考え方に基づいていています。くわしくは、拙著『わたしが輝くオージャスの秘密』（蓮村誠＝監修　ちくま文庫）をお読みください。食全般については、拙著『あたらしい食のＡＢＣ』（ＷＡＶＥ出版＝刊）にもくわしいです。ご興味のあるかたは、どうぞ

眠れない夜のヒント

1　「これはラッキー！」と考えて、半身浴をするなどして過ごす
2　ただ横になっているだけでも充分休めている、寝ないで死ぬことはないと悟る（必要なぶんは、眠るようにできている）
3　頭の使いすぎで、からだをよく使っていない可能性が。日中、全身を使って部屋を掃除したり、からだをもっと動かすようにする
4　毎日自分の人生をしっかり生きる。人の役に立つことをする

なお、冷えとり健康法を実践しているわたしは、夏でも冬でも寝るときに、足元に陶器の湯たんぽ[*1]を入れています。そうして、足元のほうにたくさんおふとんがかかるようにして、上半身は薄着にします[*2]。これだけで、「熟睡できるようになった」「安眠できるようになった」といった人は、わたしのまわりで、ひとりやふたりではありま

せん。「冷え」がとれてくると、食べることや睡眠によくよくよしなくなるともいわれています。たくさん寝ようが寝まいが気にしない、というのが、健康のひとつのバロメータともいえるかもしれません。

ヒント

＊1　湯たんぽ　自然に温度が下がっていく陶器製のものがおすすめです

＊2　足元のほうにたくさん〜　わたしは、夏には基本的には、おふとんは下半身にだけしかかけません。足元がしっかりあたたかいと、血と気がしっかりめぐるため、全身をあたためなくても、ぽかぽかとあたたかです（湯たんぽを入れているため、上半身はごく薄着にし、またふとんをかけなくても充分にあたたかいです。一度体感してみてください）。ただし、それでも心配なかたは、上半身にも薄いタオルケットなどをかけて、下半身にはさらに、毛布やおふとんなどをかけ、上半身と下半身の温度差をつくるとよいでしょう

寝ること

寝る前にどう過ごすかは、自分の中央に「自然」をすえて生きて行く上で、実はとても大事なことです。

現代人には難しいことかもしれませんが、でも、自分自身が「どういう生き方をしたいのか」「何を幸福と感じるのか」を、よくよく考えてそれを自覚すれば、取り入れるのはそんなに難しいことではありません。

◎家の電気をこうこうと灯さない（つまりは少し暗くする）
◎日が暮れたら、パソコンはしない
◎夜、映像（テレビも含む）を観ない

アーユルヴェーダなどでは、寝る前に本を読むのもやめたほうがいいとすすめているようです。

寝る直前には、こころを真っ白にする、何かを思うにしても、うれしいこと、たのしいこと、感謝すること、など、こころの中に、「なにかいいこと」だけを入れるようにすることも大切です。

過去のことをくよくよ思ったり、未来のことを案じたり……これらは、特に寝る前に行って、ひとつもいいことがありません。

（寝る前に、過去のこと、未来のことを考えて解決するわけではないですよね？）

寝る前は、潜在意識に情報が入りやすいとき。ぜひ、喜び、うつくしいこと、きれいなもの、希望、祝福、感謝などを、入れるようにしてください。

深い呼吸[*1]を行って眠るのもとてもおすすめですし、鏡に向かって、小さな声でアファメーション[*2]をするのもよいでしょう。

わたし自身は、寝ることに関しては、冷えとり健康法でいう、睡眠にくよくよしない、という考えかたがいちばん好きです。その上で、選べるならば、「早い時間に寝る」という行為をとても気に入っています。

理由は、①エネルギーの無駄遣いを防げるから（寝てしまえば照明、冷暖房にかかるエネルギーを使わない）、②朝のほうが、何かと効率よくものごとが進む（朝早く起きるために早く寝たい）、③早い時間に眠ったほうが疲れがよく取れるから、④朝、太陽の光を浴びるとこころとからだが喜ぶから、です。

夜中に書いたラブレターを翌日読むと、あまりに内容が恥ずかしくて読めないとよくいわれますが、そのほかの行為でも同じことがいえる気がしています。

つまり、夜の魔法みたいなものがあって、夜というのは、人を酔わせる魔力がある。どんなことでも大げさに感じられるように思うのです。わたしは早朝の魔法のほうが実は、ちからが強く、サステナブルなように感じています。早起きをしよう！　といって寝る時間がいつもと変わらないのでは、朝つらい可能性が高いので、早く寝る、というわけです。

最近では9時半〜10時半の間には眠ってしまいます。3時、4時に目が覚めたらそのまま起きて、半身浴や読書などをたのしんでいます。これらも、「こうするべき」ではなくて、自然に起こるように、起こるままに、行っています。

ただ、これらも個人差があります。「早起きしなければ!」「早く眠らなければ!」といってつまらない義務になってしまったり、実際早寝早起きして調子が悪いようであれば、自分に合う方法を探ってみてください。

ヒント

＊1　深い呼吸　98ページの「呼吸のこと」をご参照ください

＊2　アファメーション　自分の願望を、肯定的に宣言する方法です。「わたしは～です」「～します」「～することを知っています」といったことばで宣言します。例えば、「わたしのからだはとても健康でここちよいです」「わたしはイラストレーターとして活躍し、すばらしい絵で人々を喜ばせています」など（「～したい」ということばは、まだ達成できていないという情報が入ってしまうため、使いません）。

ただし、寝る直前には、短く簡潔なことばがおすすめです。「わたしは、うつくしいです」「わたしは、強いです」など。それらのことばを鏡を見ながらいいます

ものを買うときに

ものを買うなら、
なんといっても、こころが湧き立つものを買いましょう！
どうせなら、たのしい出費をします。
「誰かに好かれるから」「流行だから」と
他人軸で決定したり、
罪悪感をもちながら、
もしくは何らかの恐怖心から買い物をしないようにします。

自分のこころの中にいる、
ちいさな自分自身に問うのです。

「何を買うといちばんわくわくする？」って。

買い物の中には、ストレス解消のための買い物もあります。
その場合は、その瞬間は、解消されたように思いますが、
根本の解決をしていないので、
いつまでもものを買い続けることになります。

自己評価が低いために、買いものが好きな人もいます。
エネルギーが足りないため、それを「もの」でうめる癖がついているのです。
この場合も、その瞬間は、「いい気分」になりますが、
ものをいつも買い続けることになります。
さびしい気持ちは、ものだけではうめられません。
気づいたときから、少しずつ、自分の中の「空洞」[*1]に目を向け、
その空洞を、本質的な豊かさで満たしていくような行動を、
みずから、スタートするようにします。

買い物をしないひと、買い物をすることに拒否感をもつ人もいます。一見、倹約しているように見えても、実は、失う怖れから、ものやお金を溜め込み、そのことで、さらに不安感を増大させているケースもあります。ただただ溜めるということは、安心なようですが、エネルギーの滞りがはじまります。動機が、怖れや心配であればあるほど、そういった感情そのものを引き寄せてしまうため、自分自身がどんどん萎縮していってしまいます。

また、「豊かさ」を受け取ることが苦手で、買いものを拒否しているケースもあります。自分が豊かになること、幸福になることを許可していないのです。場合によっては「被害者」や「ダメ人間」の仮面を被っているのが好き、楽だ、と思い込んでしまっている人も少なくありません。この場合は、自己肯定感について、点検をしてください。

いずれの場合も、ここちのよい循環がはじまるように、
こころがけます。
ものでもお金でも、循環がある、ということが
もっとも自然なかたちです。

また、買い物をするときには、[*2]できるだけ
自然にやさしいものを選びます。
もし可能なら、人にもやさしいものを選びます。[*3]
そういった取り組みをしている人の助けになるし、
また、自然にも人にもやさしい商品は、
もっている自分の中にあるやさしさを引き出してくれるはずです。

毎回、でなくとも、
自分がそれを買うことで、
自分だけでない、誰かの喜びや豊かさが拡大するようなものを
選ぶことも大切です。

めぐりめぐって、そのことは、自分自身の
ここちよい循環にもつながっていくことでしょう。

お金を使わない日〝buy nothing day〟[*4]を実践したり、
服の交換会、フリーマーケットへの参加も、
「ものを買う」ということを考えるよい機会になるはずです。

さらには、**消費する自分よりも生産する自分になっていくこと**もとても大切です。
スーパーで食べものを買うばかりではなく、自分で野菜を育てる、
音楽を聴くばかりではなく、自分でも演奏したり歌ったりしてみる、などなど。

目に見えるものには、
常に、
目に見えないものがひそんでいます。
そのエネルギーやパワーを感じるようにします。
意識がひらかれた体験に、つながるはずです。

ヒント

＊1　空洞を、本質的な～　「買い物依存症」に関連する本を1冊は読んでみましょう

＊2　買い物をするときには　買い物をするお店選びについては、118ページをご覧ください

＊3　自然にも人にもやさしいものを～　環境や社会に過度な負担をかけないような生産・流通方法による「エシカルファッション」のものを選んでみます。たとえばオーガニックコットンを使った製品は、環境への負荷が少ないのはもちろん、フェアトレードも認証基準となっているので、それを選択することで、貧困問題の解決にもつながります

＊4　"buy nothing day"（無買デー）　オキュパイ運動で知られる雑誌『アドバスターズ』の発行者カレ・ラースンさんが推進しているムーブメントのひとつ

お金にまつわるちいさな魔法

お金をおろすとき、わたしは、ある時からＡＴＭをできるだけ使用せず、銀行の窓口でまとまった金額をおろすようにしています。

目的は新札をできるだけ使いたいから。[*1] もうひとつの目的は、月のうち何度もＡＴＭへ行く時間を省くためです（おまけに出先でお金が足りなくなったりして、無駄な手数料を使うのも省けます）。わざわざ銀行に出向いて、お金をおろし、通帳に記帳をするのは少々手間ですが、なにか、機械を通して、お金と関わるのではなく、銀行の人を介在してお金を受け取るのは悪くない体験です。ちなみに、わたしはちいさな会社を経営しているのですが、スタッフのお給料も振り込みではなく、手渡しです。スタッフさんにも好評ですし、渡す側としてもとても身の引きしまる、よい体験です。

さて、そうやって、決まった期間使う金額を窓口でおろすようになって、わたしは、あることに気がつきました。

2000円札の存在です。

2000円札って、あるんです、まだ。


で、お金をおろすときに、ちょっとだけ2000円札を入れてもらいます[*2]。そして、その2000円札を、ここぞ、というときに使うのです。店員さんなどで、勝手に「この人感じがいいな」と思ったら、そのお店で、そっと2000円札をさし入れることもあります。

その2000円札には、「手にした人がしあわせになりますように」とそっと願いをかけておきます。もちろん、手渡されたときに、2000円札をきっかけに話がはずむこともあるし、そのあとで、その人がまたその2000円札を使うときに、また誰かと「めずらしいですねえ」なんて話ができるかもしれません。

まあ、お財布に新札で2000円札が入っていると、なんだかありがたい気もします。気のせいかもしれませんが……でも、「気のせい」も大事ですよね。

ほんのちいさなことですが、そんなことをして、たのしんでいます。

ヒント

＊1　新札をできるだけ〜　新札を使いたいわけは、新札だと気分がいいからです

＊2　2000円札を入れてもらいます　2000円札は、銀行の窓口で入手することが可能です（お金をおろす際、金種の記入欄に2000円札を指定します）。ただし、引き出す前に電話で在庫があるかどうか確認をとったほうが確実に入手できます

いつも循環させる

自然という存在のひとつの特徴は、循環している、ということです。

わたしたちのからだも、「循環」が止まってしまったら、生きていられなくなってしまいます。

部屋の空気だって、循環させなければ、どんどん淀んだものになってしまう。毎日着る服でも下着でも、取り替えなければ、また、洗濯して乾かさなくては、ずっと汚れたままです。

自然は循環するし、循環しているということは自然だ、ということのひとつのバロメータとなるでしょう。

これを、ものにあてはめてみます。

たとえば、何かをもらったら？　もらいっぱなしでは循環はありえません。何か、気軽に、よいタイミングでお返しをします。場合によっては**恩送りといって、別の人にお返しするのもおすすめ**です。

お金も、どんどん貯め込むのではなく、循環をイメージして、風通しよく、出していきます。やたらと消費しようといっているのではなくて、あくまで循環する、がイメージソースです。

いずれにせよ、節約したり、倹約するのは、必要なことです。でも、過度に、ケチなのは、「自然」からきらわれる行為です。自然な態度でないからでしょう。

＊

わたしは親から「収入の10分の1を寄付するとよい」といって育てられましたが、時に応じてアレンジして実践しています。自分に無理のない額やもので、お金やものがないときには自分の行動で、気前よく、循環に参加していると、ものへのこだわりがなくなっていきます。しかも、しかるべき生き方をしていれば、お金やもので困るということはなくなっていくはずです。これは、本当に、お金やもののもつ魔法そのものです。

ただし、あげすぎも、もらいすぎも不自然です。
また、あまり厳密であるのも、不自然ですよね。
何かをもらった相手に、直接お返しができないならば、前にも書きましたが、また別の人に、何かをさしだせばよいのです。
そして、もしあなたにエネルギーがあるならば、「もらったらあげる」、というケチな考えはやめて、「相手がくれようとくれまいとあげる」、くらいの気持ちをもって、自分から先にあげてください。見返りは求めません。

自分が水の出所の、最初のわき水の存在になるのは、悪くない経験です。山は、きっとわき水が、自分に合った量を流している間じゅう、土の下からうつくしい水をもたらしつづけるはずです。

循環は、自然のうつくしい秘密のひとつです。

ヒント

＊ **消費しよう〜** 消費することに対して、強いプレッシャーのある世の中に生きていますが、もちろん、消費以外のことでも「循環させること」は可能です

テレビと広告について

テレビのない暮らしぶりをあらためて意識したのは、料理家のTさんの家に行った時のことでした。当時、Tさんが引っ越したばかりだった陽あたりのよいマンションのダイニングキッチンには、大きなダイニングテーブル、器が並ぶうつくしい棚があるほか、何もなくて、テレビはもう何年も観ていないということでした。「ああ、テレビのない生活というのは、なんとシンプルで、静かで、豊かなんだ、かっこいい！」と思ったものでした。

あれから、何年後だったでしょうか。我が家からも、テレビが消えました。いちばんのきっかけは、東日本大震災です。２０１１年3月11日、ずっと流れ続けたあの映像、そして報道のある種のあからさまな偏りを感じてしまって、スイッチを切るどころか、元のコンセントから抜いてしまいました。

あの日から、わたしは本当に、テレビを観なくなりました。テレビを観なくなった理由はいくつかあります。

◎おもしろい番組が少ないと感じる
◎同じような番組が多いと感じる
◎コマーシャルを観たくない
◎目が疲れる
◎そのほかにやりたいことがたくさんある

などなど。

とにかく近年、テレビを観ない人が増えている気がします。しばらくテレビを観ていないと、お店などで流れているテレビ番組に釘づけになります。そして、テレビが内包するある種の異様さがわかるようになります。

コマーシャルには、その製品を買わせよう買わせようというぎらついた意図とともに、「見えない操作」がたくさん潜んでいます。テレビが日常生活に溶け込んでいる人には、こういうことをいうと過剰に感じるかもしれませんが、コマーシャルは、やわらかな洗脳そのものです。

テレビ番組じたいもそうです。

かつて、女性や子どもの人権を大切にする雑誌の編集者をしていたときに、気づいたのですが、コマーシャルやテレビ番組には、あからさまな女性蔑視《べっし》をはじめ、さまざまな、歪んだものの見方が蔓延しているのがわかるようになり、そうなるとそれが気になってしかたがなくなり、テレビを観ることができない時期がありました*。

もちろん、おもしろい番組もあります！　そんな番組を選んで、自覚的に観ることができたらすてきだなと思います。

企業は、商品を売るために、莫大な広告費を投じています。その広告を信じて、人々は、あたらしい製品を買い求めます。たくさん広告をしているということは、その製品に莫大な広告費がつかわれているということだし、その製品の価格にそれも盛り込まれているということです。また、そのような規模の商品というものには、たくさんの添加物、保存料、石油由来の化学物質――自然からは、遠いものたち――が使われていることが少なくありません。

わたしは、広告じたいは好きです。短い時間で、いいたいことを伝えるという表現そのものはとってもおもしろいな、と思います。一方、企業の方々には、広告をしなくても、どうしても人々がほしくなるような商品をつくってみてほしいなとも思います。行列ができるお店のように（行列に並んでいる人もお金をもらって並んでいると聞きますが）。広告があってもなくても、同じだけよく売れる商品を開発できたなら……、企業の人々も、今よりもストレスのない生活ができるのではないでしょうか？

「売る」ことだけにやっきになって、どこか無理をしたり、場合によっては嘘をついて、その「大きな規模」に自分のいのちを無理して合わせる、そんな生き方をもうそろそろ手放してもよいのではないでしょうか？　こころの奥底で、「いのち」ではなく「お金」に合わせる生き方に疲れていると感じる人が増えていると思えてなりません。

もちろん、すぐに、どうにかできる問題ではないのは重々承知です。でも、本当に魅力的な商品、誰にとっても必要な商品をつくることができたなら、その規模感も、来年の売り上げも、なにもかも、「ちょうどいい塩梅《あんばい》」になると思います。それが自然、というものだからです。自然は、調和的でサステナブルで、ストレスがありません。

今、若い人たちも、インターネットなどたのしいことがたくさんあって、テレビ離れをしていると聞きます。若い人たちは、前の世代よりも、もっと、からだで、「自然」をわかっているのかもしれません。

何より、この本を手に取った方には、テレビを観るということを、数日でもいいから止めてみるということを体験してみてほしいし、そのあいた時間で何ができるのか、たのしんでみてほしいと思います。

ごくあっさりと、洗脳される人がいるから、テレビが存在するともいえます。

それよりも、自分のいのちがいきいきと生きる、そんな暮らし方のほうだって、もっとたのしんでみてほしいな、と思います。そういう暮らしをしていると、何より、自分のことが好きになります。自分が好きだと、まわりのことも好きになります。

「大きな利益」に合わせすぎる生き方は、自分を責め、他人を責めるような生き方につながる可能性が大きいと思います。自分を卑下し、人のあら探しをするような生き方にも。なぜなら、自分のことなんか好きではない人のほうが、宣伝にだまされやすく、「こうだ」という考え方の向きに影響されやすく、そうして自分のからだやこころの声を聞くことなしに、誰かがいっていること（テレビがいっていること）を妄信して、買わなくてもいいものや自分のいのちに本当は必要ないものを、買ってしまう可能性が高いからです。そうして買ったものやそれがつくられた過程が自然環境にダメージを与えたり、人を傷つけたりしている可能性も充分にありえます。自分やまわりによかれと思ってした消費活動が、自然や誰かを傷つけているかもしれないという想像力をもっていたいし、可能な限り傷つけない、調和を生む消費をしたいものです。

本質的に自分のことが好きな人が増えたとき、テレビやコマーシャルも、うんと質の高い、観る人をばかにしない、「洗脳する」のではないものになるのかもしれません。

いつか、そんな、あたらしいテレビ番組と広告を観てみたいなと思います。

ヒント

＊ それが気になってしかたがなくなり〜 女性のビキニ姿など。女性が登場して、セクシーさを振りまいている情景を男性に置き換えてみてください。異様さに気づきます。「セクシー」の画一的なイメージにも辟易《へきえき》します

メディアをつくろう

自分でメディアをつくる、というと大げさなようですが、現代人の多くは、ブログやツイッター、インスタグラムなど、主にインターネットを通して、もうすでに行っていたり、関わったりしています。

写真、映像、絵画、音楽……これらの制作についても、パソコンや機器の進化などにより、以前は「専門家」しか取り組めなかったものが、誰でもできるようになってきました。若い人たちの間では、ｚｉｎｅ（ジン、昔でいうミニコミ）づくりも、ひそかに盛りあがっていたりもします。これは、とても、自然で、あたらしく、うつくしい流れだと感じています。

自分がメディアをもつと、どういうよいことがあると思いますか？

わたしはこう考えます。

◎純粋にたのしい
↓自分を表現するのは、純粋におもしろくたのしい行為です
◎評価がある
↓人々からの反応を受け取ったり、やりとりがはじまったりします
◎対象となるものに、よりコミットするようになる
↓対象にコミットすると、こころもからだも活き活きとする
◎メディアリテラシーが、純粋にあがる（つくり手の意図がわかるようになる）
↓メディアに単純に洗脳されてしまうようなおろかな人が少なくなる
◎誰もが主役になれる
↓大物歌手が歌う流行歌を誰もが歌えた時代は終わり、人々の嗜好は細分化される時代です。単なる傍観者からの卒業は、自己肯定感を高めることとあいまって、人々のエンパワーメントに非常に重要な行為です

さて、このような「よいこと」を享受するために、表現をする際に知っておくとよ

いことがあります。「表現する立場」の人が知っておくとよいことです。
それはこのようなことです。

◎表現のねらいをはっきりさせる
◎テーマ、ないし、裏テーマがあるとよい
◎誰に向けたものかをはっきりさせる
◎(受け手にとって) おもしろい、たのしい、うつくしい、ためになる、感動する、驚きがある、のうち、ひとつは、入っているように努力する
◎わかりやすいものにする
◎分量の適正をよく考える
◎継続していくもの、広がりがあるテーマを設定する
◎事例研究をする（自分と似た表現をしている人の表現を知っておく）
◎今の時代にとって、この表現がどういう意味をもつのか考えてからやる

つまるところ、

◎受け手にとって、どう見えるのか、どう感じられるかを、よく感じながら発信するということなのですが、発信するのに慣れていなかったりすると、ただただやみくもに、「自分が自分が」となってしまって、ついつい過度に「自分表現」を行ってしまいがちです（ツイッターでただ愚痴をいっている人のように）。

何をしてはいけない、ということはひとつもないのですが（愚痴をいいたければ愚痴をいってもいいのですが）、でも、より循環し、継続していくために、つまり、より自然であるためには、おもしろくて、広がりのある、継続的なものをつくりたいわけで、そのためには、「受け手」とのキャッチボールがあるようなもの、「受け手」が「おもしろいな！」「たのしいな！」「ためになったな！」「へー！（感動）」があるものにする必要があります。

いわゆる「プロ」と呼ばれる人たちは、この感動の量がとても多い、ないしは、ある種の「発明」がそこにあるがために、人々が思わず、お金ないしはそれに代わるものを支払う、そういう状況を生み出せる人、といえます。

人生は短いです。

どうぞ、自分なりのメディアをもってください。

もう、すでにもっている人は、自分と、そして受け手をたのしませてください。ちいさくとも感動を受けとってもらうのです。

感動は、たのしい循環をもたらします。

繰り返しになりますが、循環は、自然そのものです。

どうぞ、人間の手で、自然をつくりだす、この芸術をたのしんでください。

自分のメディアづくりは、わたしたちの中の自然を発動させる、最高によい機会です。

仕事や働くことで悩んだら

仕事や働くことで悩んだとき、「報酬をもらわなくても、やりたいこと、やっていてたのしいことは何？」と自分に質問してみましょう。「生活費を稼ぐ」ということを、いったん脇に置いて、考えてみてください。

どういう作業や、どういう取り組みなら無報酬でも行いますか？

また、自分が得意なことは何でしょうか？　どんな小さなことでもよいのです。自分が好きなことではなくて、得意なことを点検します。そこに、自分の仕事や役割のヒントがあります。

ヒント

◎たとえば、わたし自身は、かけだしのフリー編集者だったころ、自分でｚｉｎｅ（ミニコミ）をつくっていました。お金は一銭ももらえなかったけれど（むしろ、印刷費なども

ちだしでつくっていました）、時間があれば、ほうっておいても、つい手を動かして、小さな「読み物」をつくってしまう、そんな自分がいるのです。わたしにとっては編集の仕事は、プロとして、しかるべき報酬をもらって行いますが、でも、もらわなくても、たのしくやれることのひとつ。文章を書くこともちろんそうです。そのほかには、誰かに何かをわかりやすく説明すること、ファシリテーター的な役割を果たすこと、詩やお話を誰かに朗読すること、簡単な手料理をつくることも好きです。なお、同じことの繰り返しはとても苦手です

●参考図書
『わたしらしく働く！』（服部みれい＝著、マガジンハウス＝刊）

第6章

自然のなかの自然

NEW こうだと決めることが魔法

何かをはじめるようなときに、こうしよう・こうだと決めることは、ひとつの大きなエネルギーになります。何か、その決定事項にがんじがらめになるということでは決してなく、ひとつの遠くの目標といったらいいか、目的やテーマをはっきりさせるということで、おのずと道が生まれるように感じます。

たとえば、コピーをとるという仕事を行う際でも、どんなふうにこの仕事をなしとげたいのか、このコピーはどういう目的のために行われるのか、ということを腹に据えてするのと、漫然と行うのとでは、雲泥《うんでい》の差がありそうです。

お店を開店したいと思ったときに、そのお店がどんなお店になったらすばらしいか、そのお店を通してお客さまにどういう感動を提供したいかについて、店主の中で明確になっている店とそうでない店にも、おのずと違いが生まれそうです。

もちろん、一度決めたことがその通りになる必要はありません。ただ、矢印の方向が生まれることでエネルギーが発生し、そのエネルギーが自分にもまわりにも勢いや力をもたらします。そうして、しかるべき道に導かれていく。

時に、「こうだと決める」というのは、勇気を出すということに近い場合もあります。勇気を出すとき、人のエネルギーの力がぐんと高まるそうです。その高まったエネルギーが、ある場所に自分を導きます。いったん勇気を出したら、夢中になって目の前のことにはげみます。このとき、目に見えない存在も、存分に、勇気を出した人の手助けをするようです。

天は自ら助くるものを助く。

それはまず、「こうだ」と決めることからはじまるようです。

やりすぎない

どんな場合でも、やりすぎは、不自然です。
いつか、その代償を払うことになります。
やりすぎていることに気づいたら、
自然な量に戻します。
その恩恵には、はかりしれないものがあるでしょう！

ヒント
◎どんな「すぎ」も「すぎ」は「すぎ」です。食べすぎ、飲みすぎ、働きすぎ、あそびすぎ、怠けすぎ、寝すぎ、動きすぎ、愛しすぎ、かまいすぎ、かわいがりすぎ、好きすぎ、見すぎ、読みすぎ、などなど。からだにいいといわれる食べものでも、食べすぎれば中毒になります。過ぎたるは及ばざるがごとし、なのです。何ごとも「腹八分目」の発想が大切です

依存について

強い快感を得るために、ドラッグを手にする人がいます。

（その裏には、自分の中の不快な感覚を消すためにという理由が隠れているかもしれませんが）このほかアルコール、性行為、砂糖、小麦粉、食べものへ依存する人は少なくありません。買い物、人間関係、仕事、宗教などへの依存もあります。

この世の中には、究極的には「いいこと」も「悪いこと」もありません。誰もが自分がしたいことを自由にすればよいのです。ただその一方で、事実として、たとえばアルコールやドラッグなどによる不自然で強烈な快感——特に、危険な方法で入手しなくてはならなかったり、非常に高額なお金が必要であったりすることが伴う場合——快感とバランスするための強烈な不快感や「問題」もセットになっています。

◎激しい快感は、強い不快感を伴います

◎急激な問題解決は、結果、問題を長期にわたり引き延ばします
◎孤独から逃れようとすると、より孤独になります
◎無理な行為、不自然な行為には代償がともないます

一方、そういった不自然なものを使用しなくても、こころの平安を得て、多幸感を体験し、自動的に問題から自由になり、いつもすべてのものとつながっている感覚をもつこともできます。

その鍵は、自分の中にあります。

人は、何かものに頼らずとも、自分の中に、ドラッグ的なもので得る瞬間的な快楽を上回る、平安を得る鍵をもっています。それを、この本では、自分の中の自然、と呼んでいます。その自然を発動しない手はありません。これは、誰の中にもあるものです。お金も、売人とのコンタクトも、必要ありません。法律に抵触して、警察につかまるおそれもありません。まわりの人にもきらわれません。面倒な人間関係も起こりません。嘘を続けたり、こそこそしなくていいのです。どんなときでも、どんな場

所でも発動させることができて、「その場」に戻ることができます。

依存対象がもたらす幸福感は、短く、危険が伴います。

自分の中にある自然を発動すれば、強烈さや速効性はさほど感じないかもしれません。でも、とにかく安全で、永続的なここちよさと、幸福をもたらします。

自分がすでにもっているものを使うのは、とても魅力的な体験です。だって、フリーハンドで楽しめるのですから！　こんな賢くて、ユニークで、万能な方法を使わない手はないと思いますが、いかがでしょうか？

ヒント

◎自分の中の自然を発動させるには、瞑想がおすすめです。マラソンや水泳などを続けることでも、瞑想的な状態になることができるといわれています

◎瞑想については、ＴＭ瞑想、ヴィパッサナー瞑想ほか、さまざまな瞑想法があります。自分でよく調べて、自己流で行わず、専門家について、学ぶことをおすすめします

◎お酒も過剰になれば、ドラッグと同様かそれ以上の危険性を伴います

◎古くから中国やインドでは大麻が治療に用いられた記録が残っています。欧米でも19

00年代までは医療用大麻・カナビスが治療薬として広く使用され、現在も一部の国や地域では使用が認められています。大麻については、さまざまな議論がありますが、わたし個人としては、かつて、呪術、祭事、医療の目的で使用したように現代社会の中ですぐに使用できるのか、という点には現段階では疑問があります。環境、状況、こころのありように、大麻じたいの質などとのセットが完了して、それ独自の効用があるのではないかと考えています

◎ハーバード大学心理学教授のリチャード・アルバートは、LSDなどの向精神性物質を自ら試す〝自己実験〟を行いました。しかしハイになり、至福状態になったとしても、短期間で「元に戻る」ことを繰り返し、憂鬱感に襲われます。そうした実験が批判されて大学を追われた後、インドに旅立ったリチャードはある聖者に出合い、大量のLSDを渡しますが、聖者には「何事も起こらなかった」そうです。この聖者との出合いをきっかけに、リチャードはヨガ修行者に転じました

●参考『ビー・ヒア・ナウ——心の扉をひらく本』(ラム・ダス、ラマ・ファウンデーション=著　吉福伸逸、上野圭一、スワミ・プレム・プラブッタ=訳　平河出版社=刊)

◎なお、お酒も含めた上でのドラッグ以外のものの中毒に陥っている人もいます。食べること自体、また砂糖、カフェイン、小麦粉など、買い物、性行為、人間関係、仕事、特殊

な宗教などへの過剰な依存、中毒です。過剰な依存、中毒かどうかの判別は、それを続けることで、からだ、こころ、社会、人間関係のいずれかで、問題が発生するかどうか、です。苦しみや恐怖心、罪悪感が伴う状態というのは、決して自然な状態ではありません。そこから脱するには、その行為をやめること（！）です。やるからやりたくなるのです。自分の中に自然を取り戻す行動を続けること、専門家とともに解決に取り組むこともちろん大切です

完璧にしない

ものごとに取り組むときに、もちろん、一生懸命取り組むのですが、「はじめから完璧にしない」のは大事な知恵のひとつです。

何かがちょっぴり足りないところがあるとか、少しうまくいっていない部分があるとか、不満なことがある、などというのは、実は、ネガティブなことである場合ばかりではないのです。

想像してみてください。

◎はじめから、100点満点取ってしまったら、その後は、100点を取り続けるか、点数を落としていくしかありません

◎結婚した日が最高であった場合、その後、その夫婦は、どんどんと気持ちを下降さ

せていくしかありません
◎何かの企画が完全であった場合、その完全さに、メンバーは、実はストレスが過度にかかり、結果、サステナブル（持続可能）な企画ではなくなるかもしれません
◎過度に仲が良すぎる友人関係は、いつしか崩壊を迎えるかもしれません
◎完璧すぎる親のもとで育った子どもは……ともすれば息苦しい子ども時代を過ごさなければならないかもしれません

何かをうみだすとき、はじめるとき、「完璧にしない」ということを覚えておきます。むしろ「ちいさな問題がある」と感じるくらいのほうが、実は、全体が調和的に完成している可能性も高いのです。

手抜きをしよう、全力を出さないようにしよう、といっているのではありません。でも、自然の世界から見る完全さというのは、実は、少しくらい何かが欠けているように見えるものを含んだ全体のことを指すのです。

最初のうちに、失敗をしたり、うまくいかないなどといったことも、これからうまくいくことに対するバランス、肩代わりかもしれません。「これくらいで済んであり

がたい」というような気持ちで過ごすのが賢明です。

わたしなど、真っ白いいっちょうらの服を買って、はじめて着たその日に、口紅などがついたりすると、「ラッキー」と思うほうです。早くから汚れて「ショック」と思う人もいるかもしれませんが、わたしは早いうちに「完璧」が崩れて、むしろほっとするほうです。

自然が発動している人のそばにいる

自分の中の自然を発動させるためには、自然が常に発動している人……自然と調和し、自分の中の自然に従って生きている人……の近くにいるようにするのがおすすめです。

以前こんなことがありました。

呼吸法の加藤俊朗さんとトークショウを行う直前のことです。

わたしは、会場入り口付近に立っていました。

加藤先生はわたしの少し後ろで控えています。

いよいよ登壇する、本当にその直前に、突然、鼻をかみたくなったのです。それで、入り口近くにいたスタッフの方に、「ティッシュありませんか？」と聞きました。そのあたりには、スタッフの方が、4〜5人はいたでしょうか？「誰かティッシュ持っていない？」と、口々に小声でいっています。誰ももっていません。そのうちの一人が猛ダッシュで、バックヤードにティッシュを取りにいってくれました。時間にして、1〜2分くらい。

そのスタッフさんが到着して、「服部さん、ティッシュです」とポケットティッシュを渡してくださったその瞬間。突然、会場入り口から、あるひとりのお客さんが、鼻血をぼたぼた垂らしながら、出てきました。わたしはとっさに、手渡されたばかりのティッシュをそのお客さんに手渡しました。そのお客さんは、血だらけになった鼻を、そのティッシュで押さえました。次の瞬間、「出番ですよ」といわれて、加藤さんと、壇上にあがりました。*

すべてが同時でした。

偶然といえば偶然だし、また、自分が冴えてるでしょう！　と自慢したいわけではないんです。

加藤俊朗さんはじめ、ある道を極めた人、達人といったらいいでしょうか？　自然とすっかりつながって生きている人の近くにいるときに、こういうことがよく起こるのです。実際、そういう人と一緒にいると、シンクロがやたらと起こるし、気づきのスピードみたいなものも速まります。

ふだんの日常には覚者と呼ばれる人の本や伝記を読んだり、映画を観たりしてもいいと思います。

「この人、運がいいな」なんて思う人と一緒にいたりするのもおすすめです。運がいいというのは、自然とよく調和している何よりの証拠のひとつです。

ヒント

＊**加藤さんと、壇上に～**　壇上に行くと、鼻はもうかみたくなくなっていて、ティッシュなしでトークを進めることができました

加藤俊朗（かとう・としろう）

国際フェルデンクライス連盟認定公認講師。厚生労働省認定ヘルスケア・トレーナー。産業カウンセラー。横河電機グループや医療法人などを通して、加藤メソッドのレッスンを全国各地で開催。

著書に『呼吸が〈こころ〉と〈からだ〉をひらく――加藤メソッドでラクに生きる』（春秋社＝刊）、『呼吸の本』（谷川俊太郎さんと共著／サンガ＝刊）、『呼吸の本2』（サンガ＝刊）、『恋愛呼吸』（服部みれいと共著／中央公論新社＝刊）、『仕事・人間関係がうまくいく呼吸の教科書』（中経出版＝刊）がある

自分を好きになる

現代社会では、「自分が好きだ」ということが、時に逆の意味で理解されているようです。最近ではそうでもなくなってきたようにも感じますが、でもまだ「自分が自分が」と承認欲求の強い人のことを「自分好き」、我がない人のことは、そうでもないと捉えられている傾向があるようです。

これは、まったく、逆です。

本当の意味で、自分のことが好きな人は、自分がなくなっていきます。

究極的に自分を心底肯定し、愛している人は、判断することも、批評することも、執着することもなくなります。エゴを完全に手放して、「ただ在る」という存在になり、その存在じたいが大いなる自然とつながっているため、不安や恐怖から完全に解放されています。存在じたいが、ものごとを動かすようになります。すべてが自然で、調和的で、落ちついています。そこに、葛藤はありません。

一方、こころの底で、自分のことがきらいな人は、自己／我（エゴ）を肥大化させ、自己承認欲求が強くなります。「わたし、わたし」という人ほど、自分を好きではない可能性があります。その線引きは簡単です。「わたし、わたし」という表現をして、まわりが不快でなければ、その場合は、「我」が入っていない状態です。逆に、不快感がある場合は、「我」が入っている可能性が高いといえます。

人の快／不快は、自然かどうか、ととても関係があります。

ここちよい表現というのは、「エゴ」から解放されて、大いなる自然とつながっています。

ここちよくない表現というのは、「エゴ」が過剰に巣くっており、大いなる自然とは断絶されています。

自分のことが好きではないと、「エゴ」がやたら強くなって、「思考」に翻弄されるようになります。大いなる自然に、自分を委ねて、安心して生きてはいられないからです。そうして、「エゴ」から行動するために、どんどん、空回りし、うまくいかなくなり、さらに「エゴ」を肥大化させていきます。そうして自分が自分に邪魔されてしまうのです。

自分が本当の意味で好きであれば、「自分」という「エゴ」をほうってしまう方向に歩みはじめられます。無我の自分でいることがデフォルトになるのです。そのような人の存在は、とてもここちよく、また、その表現もきもちのよいものとなるでしょう。

今の自分をまず受け容れます。今の自分を認めます。自分を責めるのをやめて、どんな自分もまず許します。どんな自分にも共感します。起きることにさからわず、受け入れます。自分を流れにあけわたし、ゆだねます。そうするとおのずと自分を手放す方向に歩みを進めることになります。

自分を好きになることとは、誰にとっても、大変ここちのよいものです。
自分のことを好きだと思う気持ちは、「自分が自分自身であることがここちよい」というものです。
恐怖や罪悪感といった夢から覚める、最初の方法です。

思っていることが先

自分の思いが、いつも先であることを知りましょう。
思ったことが成る、のです。

思いが汚なければ、汚れたことが起きます。
思いが悲しみで満ちていれば、悲しいことが起きます。
思いが怒りに満ちていれば、腹のたつことが起きるのです。

思いを、まず、洗浄しましょう。
次に、潜在意識も、洗浄しましょう。*
そうして、起こることが自然に起こるままにします。
これが、幸福への第一歩です。

ヒント

＊　**潜在意識の洗浄法**　潜在意識の洗浄法には、呼吸法（98ページ）や瞑想法があります。ぜひ、自分に合うものを見つけてください

尊いこと

今すぐにできる尊いことがあります。
それは、
今ここに生きる、ということです。
過去や未来に生きるのではなく、
ただ、今、を味わうことです。

今、今、今、今。

この瞬間を結果とし、同時に目的として生きるのです。

そう生きていれば、

煩悶《はんもん》も、不安も、いらだちも、恐怖心も、
虚栄心も罪悪感もなにもかも
消えていく体験をします。

自分がなくなるという体験です。
毎日、毎日、今を生きます。

夜は死。
朝は生。
毎日生まれ変わります。

自分が今ここにだけいるようにします。
過去や未来に生きません。
目の前のことだけに集中します。
今すぐにできる、幸福になる方法です。

今、今、今、今。
今にだけ生きます。

過去や未来の自分に光をあてる

もう済んでしまったことにくよくよするくらいならば、その「できごと」に、光を送りましょう。

くよくよしている「できごと」を思い出して、そこに、こころの中で、あたたかい光を送るのです。

そうして、その「できごと」そのものを光で包んでしまいます。

すっかり光で包んだら、もうそのことを考えるのを止めましょう。*

くよくよすることに、ひとつも意味がありません。


未来が不安になったなら、未来の自分を想像して、同じように光をあてます。

自分自身を光で包んでしまうのです。

自分の内側から光が放出し、
また、外側からもあたたかな光が自分を包んでいるところを想像して。

過去も未来も、今とつながっています。
そうして、どうやら同時に起こっています。
今が変われば、未来が変わり、
今が変われば、過去が変わります。
今、過去や未来を、光でいっぱいの未来に変えてしまうことができます。

おとぎ話みたいに感じますか?
でも、くよくよしたり、不安でいるより、
1000倍、いや、10000倍いいと思います。
そして、実際に、過去と未来は、輝きます。
そうだ、と信じて行うことが大切です。
自分でできる、自分を癒す方法のひとつです。
試してください。本当の話です。

ヒント

＊ もうそのことを考えるのを～ その「できごと」がまた浮かんできたら、そのたびに行います。「いい」とか「悪い」とかの判断抜きに、ただ、行うことが大切です。何千回でも何万回でも、出るたびに根気よく行います。ふりかえってみると、最近、その「できごと」を思い出さないな、という状態になるまで（自分から放つ光が、その「できごと」をやわらかく溶かし、消えてしまうまで）やり続けます

死について

死について考える時間をもちます。
肉体がなくなることは、本当に死、でしょうか？

人間の本体は霊魂です。
わたしたちの本質はたましいです。

目に見えるものばかりが世界ではなく、
目に見えるものと、目に見えないものと両方で
この世界はできあがっています。

今生きている人生は一度きりですが、しかし、
「わたし」という存在は永遠です。

死について、肉体という側面だけではなく
たましいという側面から、見る時間をもつようにします。

死については、実にさまざまな見方がありますが、わたし自身は、こういった本や考え方に興味をもっています。

●おすすめの死にまつわる本たち
『前世療法――米国精神科医が体験した輪廻転生の神秘』『前世療法――米国精神科医が挑んだ、時を越えたいやし〈2〉』『未来世療法　運命は変えられる』（ブライアン・L・ワイス＝著　山川紘矢、山川亜希子＝訳　PHP文庫）
『生き方は星空が教えてくれる』（木内鶴彦＝著　サンマーク文庫）
『子どもは親を選んで生まれてくる』（池川明＝著　中経の文庫）
『喜びから人生を生きる！――臨死体験が教えてくれたこと』（アニータ・ムアジャーニ＝著　奥野節子＝訳　ナチュラルスピリット＝刊）

セラピーやヒーリングを受けるときに

今、世の中には、セラピーやヒーリングがたくさん存在しています。何か霊的に、見えないものを見てもらったり、浄化してもらったりするようなセッションも存在します。

それらを受けようと思うときに、こころづもりをしておいたほうがいいことは、次のようなことです。

◎脅したり、恐怖心や罪悪感を煽《あお》ったりするものは、いかなる場合であれ、たいしたセラピー、ヒーリングではありません

◎誰かを悪くいう、非難、批判、批評する人にもネガティブな話題が多い人にも、特に気をつけましょう。ただちに離れましょう

◎自立させる方向へではなく、依存させるようにしむけるものも、「本物」ではありません。注意してください

◎そのセラピーやヒーリングがもとで、友だちや家族、仕事の人間関係が乱されたり、壊されたりするようなものも、調和的ではありません

◎過度に、「奇跡」や「成功例」を強調するものも、「本物」ではない可能性があります。自信がある人は、そのようなことを過度に話したりはしません。自信のないセラピストのセッションは受けないのが賢明でしょう

◎相性が悪かったり、居心地が悪い場合も、自分とは合わないと判断して、距離を置くようにします

◎やたらとものをくれたり、お金が安すぎるケースにも注意を払います。ものをよくくれる人は、情が深いのですが、その情が依存に発展するケースもあります。お金

がやたらと安い人は、本人に自信がない場合があります。注意してください

◎高額すぎるものにも、安すぎるものにも、注意をするようにします
（ただし、高いからだめ、安いからだめ、というものでもありません。自分自身にとって無理のない金額、違和感のない金額であれば、問題はないと考えてよいでしょう）

◎目に見えないものがわかること、わかる人、霊的なことや霊的なことに関わる人を過度に特別視するのはやめましょう。本来、人間誰にでも備わっている能力です。人間の成熟が進めば、自分自身でもそのようなことはできるようになります

◎目に見えない世界のことがわかる人が人間として成熟しているとは限らない場合もあります。成熟していなくても、目に見えない世界のことがわかるケースがあるからです。いかなる場合も特別視しないことです

◎目に見えない世界のことがわかったとき、それに翻弄されるのではなくて、それを

まず、自分のことについて活かすようにします。頭でわかっているだけではなくて、生活の中で、実践し、生活に活かします

◎自分がよいと思うものを、人に強要する人にも気をつけましょう。自分に合うものが人にも合うとは限りません。自分自身も自分の体験だけを語るようにして、自分が気に入っているものを、人に過度に薦めないようにします

◎人の境界線を越えて、土足であがるようなことをする人にも気をつけます。人は、誰しも、自分で立ち上がる力をもっていることを忘れないようにします

◎自分がそのセラピーなり、ヒーリングなりを、よいと思って受けるならば、素直に受けるようにします。また、いかなるものも、「人のせい」にしているうちは、自分へも、他人へも、本来の意味での「許し」の機会は訪れません

◎セラピーやヒーリングを受けて、自分が前よりも楽になった、シンプルになった、ここちよくなった、豊かになった、うつくしくなった、たのしくなった、人生がお

もしろくなったならば、それらのセラピーやヒーリングが自分に合っているひとつの証拠になります

◎なお、セラピーやヒーリングのようなものを受けずとも、人は、自分の力で、自分自身を愛し、許していくことができます。そういったものは、あくまで、「添え木」であり、自分を手助けしてくれるもの、と理解します

◎自分自身でできる方法、自分が自立する方法を積極的に教えてくれる人は、よいセラピストである可能性が高いでしょう

セラピストやヒーリングをする人も、人間にはちがいありません。過度の依存や崇拝は、本末転倒です。自分という車の運転をするのは、自分自身であるとこころえて、セラピーやヒーリングを利用するようにしてください。

宇宙の法則

わたしが今のところ知っている宇宙の法則は、このふたつです。

◎類は友を呼ぶ
◎蒔いた種を刈り取る

類は友を呼ぶ、は同じエネルギーのものは引き合うということです。いつもたのしいことを口にしている人には、たのしいことが起こり、いつも愚痴やネガティブなことをいっている人には、そういったものごとが起こります。いい／悪いではなくて、単純にそういう法則が働く、ということです。

この法則を利用するならば、自分に望みがあるときに、その望みのエネルギーに合致したものに触れるようにすればよいでしょう。一流の画家になりたいならば、一流の絵に触れ続ける、ということです。一流になりたいのに三流の作品ばかりを観ていては、いつまでたっても一流にはなれません。

蒔いた種を刈り取る、というのは、自分がしたことは必ず別のかたちで戻ってくる、ということです。誰かを助けたことのある人は、また別の場所で同じように助けられます。誰かを傷つけた人は、いつか、どこかで、傷つけられます。科学的根拠はありませんが、胸に手をあててみれば、そう思いつくことが自分自身の体験であるのではないでしょうか？（いかがですか？）この法則は、どうやら輪廻転生の中で、永遠に働いているようです。今の人生だけを見て判断できないことも存在しているように思います。

このふたつの法則は、いつ、どんなときでも、どんな人にも、どんな場所でも、働き続けています。このふたつの法則を、自分に活かさない手はありません。この法則をただ無心で使えばよいと思います。

使う以前に、知らぬ間に、わたしたちはこの影響を受け続けています。
どうぞ、観察してください。

ただ、見る、ということを続けるのです。

わたしたちが生きる場は、この法則で満ちています。謎解きにも使えます。成功にも使えるし、健康や幸福のためにも使えます。もちろん自己の解放、こころの平安のためにも使うことができます。

どうぞ自分自身で体感してみてください。

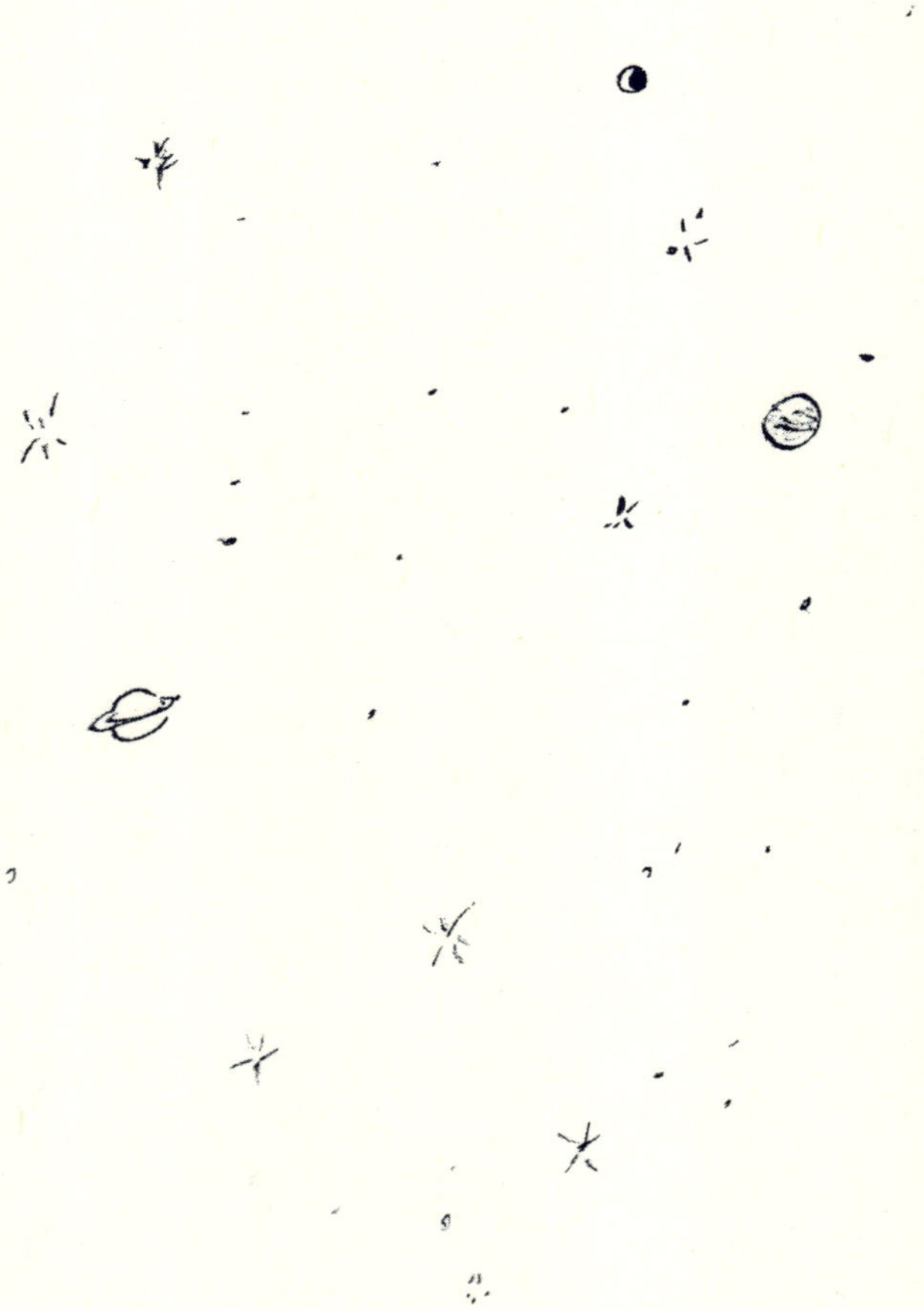

あとがき

この本のゲラ刷りを読み終えてみたら、思っていたより（わたしにとっては）濃密で、しばらくぼうっと放心してしまいました。何か一気に読み進められない感じ。ひとつひとつの話が短いわりには、こう、一気にではなくて、「本当は毎晩ひとつずつ読みたいんだけれどもな……」と思うような体験が待っていました。

って！　人ごとみたいですけれど、実際、「こんなこと、わたし、書いたかしらん」と思うようなことがたくさん書かれているんです。自然のことを書いていたから、自然がたくさんメッセージを伝えてくれたのかもしれません。「自分」が介在しないで、純粋な「管《くだ》」として、自然の秘密をお伝えできたなら、すてきです。わたし自身、まだまだ修行の身で、一読者として参考にしたいメッセージもこの本の中にたくさんあります。

森の中に入って、右へ行ったらいいか、左へ行ったほうが賢明なのか、迷ったときに働くのが自分の中にある「自然」の力です。今という時代は、実はどうしたらいいのか、自分に訊く以外ないようなことだらけだと思いませんか？　でも、心配ありません。自分の「頭」の部分を潔く捨てて、自分の中の自然を作動させて自然とつながって生きさえすれば、その時々に完全な答えを感じて察知することができます。そう感じられる確かさが自分の中に生まれます。ね、自然とつながって生きるのって、悪くなさそうでしょう？

最後に、お礼をいわせてください。この本は、わたしがひとつひとつ書き下ろしで書き散らしたエッセイを、担当編集者の筑摩書房・井口かおりさんが、ていねいに編集してくださいました。井口さん、長い時間、粘り強くおつきあいくださり、ありがとうございました。イラストは、タムくんことウィスット・ポンニミットさん。いきいきと弾けるようなイラストには、あらためてため息が出ました！　弾ける女の子たち！　タムくん、本当に、ありがとう。早川知里さん、鈴木加代子さんにもこころから感謝を申しあげます。またていねいに調べものをしてくれた野田りえさん、細やかに意見をいってくれた夫の福太郎さんも、ありがとう。おかげで一冊にまとまりました。

また文庫化にあたって、長年お世話になっている相馬章宏さんがゆかいな絵を描いてくださいました。また、わたしが自然に目覚める最初のきっかけとなった本『自然のレッスン』の著者、北山耕平さんが、帯文を書いてくださいました。もう、胸がいっぱい。ただただ感謝の気持ちでいっぱいです。おふたりに、こころからお礼を申しあげます。

さらに文庫化の折、白井剛史（プリミ恥部）さんからもたくさんのインスピレーションをいただきました。プリミ恥部さんにもこころからお礼を申しあげたいです。ありがとうございました。

わたしに知恵をさずけてくれたたくさんの陽気な先人たち、そしてこの本を読んでくださったみなさんに、こころの一番奥深いところから、感謝の気持ちを送ります。どうぞ、どうぞ、あたらしい時代を自然という確かさと共に、自分らしくゆかいに暮らしてください。たのしさやしあわせがいっぱいの世界で。

著者記す

推薦文

「これが自然を愛する彼女の実践的な生き方」 **北山耕平**

「みれいさん、これまで生き延びてきた技を惜しみなく分けてくれてありがとう。ムハ（読んだらわかるムハ）！」 **吉本ばなな**

本書は、『わたしの中の自然に目覚めて生きるのです――あたらしい暮らしのちいさな魔法』の書名で、二〇一四年十一月、筑摩書房より刊行された単行本に、加筆したものです。

あたらしい自分になる本　増補版　服部みれい
著者の代表作。心と体が生まれ変わる知恵の数々。文庫化にあたり新たな知恵を追加。冷えとり、アーユルヴェーダ、ホ・オポノポノetc.　（辛酸なめ子）

自由な自分になる本　増補版　服部みれい
呼吸法、食べもの、冷えとり、数秘術、前世療法などで、からだもこころも魂も自由になる。文庫化にあたり一章分書き下ろしを追加。　（川島小鳥）

わたしが輝くオージャスの秘密　服部みれい　蓮村誠監修
インドの健康法アーユルヴェーダでオージャスとは生命エネルギーのこと。オージャスを増やして元気で魅力的な自分になろう。モテる！　願いが叶う！

自然のレッスン　北山耕平
自分の生活の中に自然を蘇らせる、心と体と食べ物のレッスン。自分の生き方を見つめ直すための詩的な言葉たち。帯文＝服部みれい　（曽我部恵一）

地球のレッスン　北山耕平
地球とともに生きるためのハートと魂のレッスン。そして、食べ物について知っておくべきこと。絵＝長崎訓子。推薦＝二階堂和美　（広瀬裕子）

ダダダダ菜園記　伊藤礼
畑づくりの苦労、楽しさを、滋味とユーモア溢れる文章で描く。自宅の食堂から見える庭いっぱいの農場で〝伊藤式農法〟確立を目指す。　（宮田珠己）

フルサトをつくる　伊藤洋志　pha
都会か田舎か、定住か移住かという二者択一を超えて、もう一つの本拠地をつくろう！　場所の見つけ方、人との繋がり方、仕事の作り方。　（安藤桃子）

減速して自由に生きる　髙坂勝
自分の時間もなく働く人生よりも自分の店を持ち人と交流したいと開店。具体的なコツと、独立した生き方。一章分加筆。帯文＝村上龍　（山田玲司）

心が見えてくるまで　早川義夫
「〝語ってはいけないこと〟をテーマに書きたい」という著者渾身の書き下ろし。「この世で一番いやらしいこと」や音楽関係のこと。帯文＝吉本ばなな

回想の野口晴哉　野口昭子
〝野口整体〟の創始者・野口晴哉の妻が、晴哉の幼少期から晩年までを描いた伝記エッセイ。「気」の力に目覚め、整体の技を大成、伝授するまで。

体癖 野口晴哉

整体の基礎的な体の見方、「体癖」とは？ 人間の体をその構造や感受性の方向によって、12種類に分ける。それぞれの個性を活かす方法とは？（加藤尚宏）

買えない味 平松洋子

一晩寝かしたお芋の煮っころがし、土瓶で淹れた番茶、風にあてた干し豚の滋味……日常の中にこそある、おいしさを綴ったエッセイ集。（中島京子）

アンビエント・ドライヴァー 細野晴臣

はっぴいえんど、YMO……日本のポップシーンで様々な花を咲かせ続ける著者の進化し続ける自己省察。帯文＝小山田圭吾（テイ・トウワ）

身体感覚を磨く12カ月 松田恵美子

冬は蒸しタオルで首を温め、梅雨時は息を吐き切る練習をする。ヨーガや整体の技を取り入れたセルフケアで元気になる。鴻上尚史氏推薦。

年収90万円でハッピーライフ 大原扁理

世界一周をしたり、隠居生活をしたり。「フツー」に進学、就職してなくても毎日は楽しい。ハッピー思考術と、大原流の衣食住で楽になる。（小島慶子）

スモールハウス 高村友也

家のローンに縛られ、たくさんの物で身動きできない人生なんてごめんだ。消費社会に流されず、小宇宙に住み自由に生きる。（佐々木典士）

玉子ふわふわ 早川茉莉編

国民的な食材の玉子、むきむきで抱きしめたい！ 森茉莉、武田百合子、吉田健一、山本精一、宇江佐真理ら37人が綴る玉子にまつわる悲喜こもごも。

たましいの場所 早川義夫

「恋をしていいのだ。今を歌っていくのだ」。心を揺るがす本質的な言葉。文庫用に最終章を追加。帯文＝宮藤官九郎　オマージュエッセイ＝七尾旅人

Ai ジョン・レノンが見た日本 ジョン・レノン絵　オノ・ヨーコ序

ジョン・レノンが、絵とローマ字で日本語を学んだスケッチブック。「おだいじに」「毎日生まれかわります」などジョンが捉えた日本語の新鮮さ。

自分にやさしくする整体 片山洋次郎

こんなに簡単に自分で整体できるとは！「脱ストレッチ」など著者独自の方法も。肩こり、腰痛など症状別チャート付。（甲田益也子）

間取りの手帖 remix　佐藤和歌子
世の中にこんな奇妙な部屋が存在するとは！　間取りと一言コメント。文庫化に当たり、間取りとコラムを追加し著者自身が再編集。（南伸坊）

「食の職」新宿ベルク　迫川尚子
新宿駅構内の安くて小さな店で本格的な味に出会えるのはなぜか？　副店長と職人がその技を伝える。メニュー開発の秘密、苦心と喜び。（久住昌之）

整体入門　野口晴哉
日本の東洋医学を代表する著者による初心者向け野口整体のポイント。体の偏りを正す基本の「活元運動」から目的別の運動まで。（伊藤桂一）

風邪の効用　野口晴哉
風邪は自然の健康法である。風邪をうまく経過すれば体の偏りを修復できる。風邪を通して人間の心と体を見つめた、著者代表作。（伊藤桂一）

ハッとする！　折り紙入門　布施知子
たかが紙一枚から動物や花が立ち現われた時、ハッと脳が活性化される。どこでも楽しめる。簡単な鶴の変形、動物、箸袋やのし袋まで。帯文＝松尾貴史

身体能力を高める「和の所作」　安田登
なぜ能楽師は80歳になっても颯爽と舞うことができるのか？　「すり足」「新聞パンチ」等のワークで大腰筋を鍛え集中力をつける。（内田樹）

倚りかからず　茨木のり子
もはや／いかなる権威にも倚りかかりたくはない……話題の単行本に3篇の詩を加え、高瀬省三氏の絵を添えて贈る決定版詩集。（山根基世）

絶望図書館　頭木弘樹編
心から絶望したひとへ、絶望文学の名ソムリエが古今東西の小説、エッセイ、漫画等々からぴったりの作品を紹介。前代未聞の絶望図書館へようこそ！

絵本ジョン・レノンセンス　ジョン・レノン　片岡義男／加藤直訳
ビートルズの天才詩人による詩とミニストーリーと絵。言葉遊び、ユーモア、風刺に満ちたファンタジー。原文付。序文＝P・マッカートニー。

バベットの晩餐会　I・ディーネセン　桝田啓介訳
バベットが祝宴に用意した料理とは……。一九八七年アカデミー賞外国語映画賞受賞作の原作と遺作「エーレンガート」を収録。（田中優子）

狂い咲け、フリーダム　栗原康編

国に縛られない自由を求めて気鋭の研究者が編む。大杉栄、伊藤野枝、中浜哲、朴烈、金子文子、平岡正明、田中美津ほか。帯文＝ブレイディみかこ

本好き女子のお悩み相談室　南陀楼綾繁

一箱古本市で出会った全国各地の本好き女子が抱える人生のお悩みに対し、３冊の推薦本（本のお好みにも配慮?!）で快方へ導くお悩みブックガイド。

大正時代の身の上相談　カタログハウス編

他人の悩みはいつの世も蜜の味。大正時代の新聞紙上で１２９人が相談した、あきれた悩み、深刻な悩みが時代を映し出す。（小谷野敦）

半農半Xという生き方【決定版】　塩見直紀

農業をやりつつ好きなことをする「半農半X」を提唱した画期的な本。就職以外の生き方、転職、移住後の生き方として。帯文＝藻谷浩介（山崎亮）

難民高校生　仁藤夢乃

ＤＶ被害、リストカット、自殺未遂を繰り返す仲間たちとともに、渋谷で毎日を過ごしていた著者が居場所を取り戻すまで。大幅に追記。（小島慶子）

紅一点論　斎藤美奈子

「男の中に女が一人」は、テレビやアニメで非常に見慣れた光景である。その「紅一点」の座を射止めたヒロイン像とは!?（姫野カオルコ）

一本の茎の上に　茨木のり子

「人間の顔は一本の茎の上に咲き出た一瞬の花である」表題作をはじめ、敬愛する山之口貘等について綴った香気漂うエッセイ集。（金裕鴻）

セルフビルドの世界　石山修武＝文　中里和人＝写真

自分の手で家を作る熱い思い。トタン製のバー、貝殻製の公園、アウトサイダーアート的な家、０円～５００万円の家、カラー写真満載！（渡邊大志）

ナリワイをつくる　伊藤洋志

暮らしの中で需要を見つけ月３万円の仕事を作り、それを何本か持てば生活は成り立つ。ＤＩＹ・複業・お裾分けを駆使し仲間も増える。（鷲田清一）

ネオンと絵具箱　大竹伸朗

現代美術家が日常の雑感と創作への思いをつづった２００３～１１年のエッセイ集。単行本未収録の28篇、カラー口絵８頁を収めた。文庫オリジナル。

ちくま文庫

わたしの中《なか》の自然《しぜん》に目覚《めざ》めて生《い》きるのです
増補版《ぞうほばん》

二〇一九年八月十日　第一刷発行

著　者　服部みれい（はっとり・みれい）
発行者　喜入冬子
発行所　株式会社　筑摩書房
東京都台東区蔵前二―五―三　〒一一一―八七五五
電話番号　〇三―五六八七―二六〇一（代表）
装幀者　安野光雅
印刷所　中央精版印刷株式会社
製本所　中央精版印刷株式会社

ISBN978-4-480-43611-5　C0195